市场营销

主　编　莫　军　周　鹏　彭　芸
副主编　杨学东　冯腾蛟

北京理工大学出版社
BEIJING INSTITUTE OF TECHNOLOGY PRESS

版权专有　侵权必究

图书在版编目(CIP)数据

市场营销 / 莫军，周鹏，彭芸主编. —北京：北京理工大学出版社，2019.9
ISBN 978 – 7 – 5682 – 7049 – 6

Ⅰ.①市… Ⅱ.①莫… ②周… ③彭… Ⅲ.①市场营销学—中等专业学校—教材 Ⅳ.①F713.50

中国版本图书馆 CIP 数据核字(2019)第 090411 号

出版发行 / 北京理工大学出版社有限责任公司
社　　址 / 北京市海淀区中关村南大街 5 号
邮　　编 / 100081
电　　话 / (010)68914775(总编室)
　　　　　(010)82562903(教材售后服务热线)
　　　　　(010)68948351(其他图书服务热线)
网　　址 / http://www.bitpress.com.cn
经　　销 / 全国各地新华书店
印　　刷 / 定州市新华印刷有限公司
开　　本 / 787 毫米×1092 毫米　1/16
印　　张 / 11　　　　　　　　　　　　　　　责任编辑 / 张荣君
字　　数 / 290 千字　　　　　　　　　　　　文案编辑 / 张荣君
版　　次 / 2019 年 9 月第 1 版　2019 年 9 月第 1 次印刷　责任校对 / 周瑞红
定　　价 / 32.00 元　　　　　　　　　　　　责任印制 / 边心超

图书出现印装质量问题,请拨打售后服务热线,本社负责调换

前言
PREFACE

彼得·德鲁克说:"任何企业体都有且只有两个最基本的功能,那就是营销与创新。"可见,营销在企业经营中的地位。在我国,伴随着竞争的加剧,成功的企业需要成功的营销,成功的营销需要成功的营销策划,这已成为现代企业发展壮大的普遍共识。随着市场化进程的加快,我国的营销实践和消费环境都发生了翻天覆地的变化,然而,无论如何变化,消费者依然是影响市场运行的决定性因素。以消费者为中心,密切关注消费者心理与行为的特点和发展趋向,日益成为企业开展营销活动的基础。正因如此,消费者行为研究在市场营销理论体系中占有重要的基础性地位,是研究市场细分、目标市场选择、市场定位、营销战略与策略组合的基本出发点。

当前我国经济飞速发展,市场化改革已经深入国民经济的大多数领域。在这些领域中,资源配置必须通过市场竞争才能得以实现,而企业要在竞争中获得优势,需要有市场营销理论和方法的指导。与此同时,我国的开放国策也为经济的高速发展创造了条件,经济总量已经超过日本并直逼美国,我国的产品和服务正迅速进入世界市场,出口额已跃升到世界第一位。伴随着经济的高速成长,企业不仅需要吸收发达国家的营销经验,而且更需要总结自己成功的营销实践并形成自己的营销理论,以便更有效地参与国际市场的竞争。随着我国经济的快速发展,消费者的行为也呈现出前所未有的复杂性和灵活性,他们拥有很强的消费能力和较高的受教育水平,而且还拥有更复杂的价值评判标准和广泛的消费选择机会。

本书在编写过程中体现了三方面特点:第一是理论全面,由于企业营销策划与消费者行为学涉及多个研究领域,因此本书在编写过程中多有涉及,便于读者思考;第二是内容系统化,无论是对企业营销策划的阐述还是对消费者行为学的阐述,所涉及的内容都极为全面,有利于读者对该方面的内容形成一个系统的知识体系;第三是内容新颖,本书吸收了国内外消费者行为研究的最新成果并尽可能地反映了我国的营销实践,增强了本书的实践性。

本书在编写过程中参考了多位学者的研究成果和著作,在此表示诚挚的感谢。此外,由于时间仓促,编者水平有限,因此本书在编写过程中难免存在差错,恳请广大读者批评指正。

编　者

目 录
CONTENTS

第一章　走近市场营销 ……………………………………………… 1
　一、认识市场营销 ………………………………………………… 3
　二、市场营销的原理与观念 ……………………………………… 9
　三、市场营销新概念 ……………………………………………… 13

第二章　制定营销战略 ……………………………………………… 17
　一、调查营销环境 ………………………………………………… 19
　二、市场细分与目标市场选择 …………………………………… 26
　三、创设营销组织 ………………………………………………… 33
　四、营销战略管理 ………………………………………………… 35

第三章　管理竞争策略 ……………………………………………… 44
　一、市场竞争 ……………………………………………………… 47
　二、明晰市场地位 ………………………………………………… 52
　三、合作竞争　纵横捭阖 ………………………………………… 57

第四章　产品品牌包装 ……………………………………………… 66
　一、产品整体组合 ………………………………………………… 68
　二、产品生命周期 ………………………………………………… 75
　三、产品品牌规划 ………………………………………………… 77

目录

　　四、产品外形包装 …………………………………………………… 85

第五章　产品价格制定 ………………………………………… 89
　　一、分析消费者心理 …………………………………………………… 92
　　二、影响定价的因素 …………………………………………………… 100
　　三、定价的程序与方法 ………………………………………………… 104
　　四、完善定价策略 ……………………………………………………… 110

第六章　市场分销促销 ………………………………………… 119
　　一、产品批发零售 ……………………………………………………… 122
　　二、分销渠道管理 ……………………………………………………… 126
　　三、实施广告促销 ……………………………………………………… 133
　　四、公共关系推广 ……………………………………………………… 137

第七章　市场营销创新 ………………………………………… 145
　　一、关系营销 …………………………………………………………… 148
　　二、推进网络营销 ……………………………………………………… 151
　　三、渗透绿色营销 ……………………………………………………… 158
　　四、营销新发展 ………………………………………………………… 161

第一章

走近市场营销

面对市场经济的飞速发展,企业若要在竞争日趋激烈的市场环境中生存,必须树立最具时代特征的营销理念。企业只有掌握现代营销技巧和策略,才能不断地增强竞争力,在市场竞争中立于不败之地。市场营销是现代企业适应市场、驾驭市场和赢得市场的智慧行为。

知识目标

1. 掌握市场营销观念的基本概念,如营销的内涵、特征、主题、组织机构、实现方式、策划程序。
2. 理解当代社会市场营销观念的发展变化原因,了解市场营销观念的发展轨迹。
3. 了解当代社会市场营销的发展趋势。

技能目标

1. 理解市场营销的核心是市场、顾客、社会。
2. 理解市场营销观念的发展变革,能够依据当代社会的发展确定主流的市场营销手段。

市场营销

知识导图

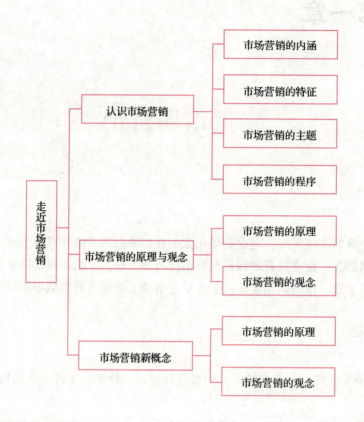

案例导入

电商的狂欢节是年度最盛大的节日,不仅电商平台,社交平台关于双十一的讨论也是热闹非凡,与购物有关的各种话题在社交平台被广泛讨论。大大小小的电商品牌,都集中精力投入双十一"大战"。奥康去年的"双十一真打折"行为艺术,颇有看头。一支"骨折天团",现身上海、广州、成都、武汉4个城市,在各城市地标、地铁、骨科医院等地上演"双十一真打折"行为艺术,引发路人围观。据说,在奥康领导的带头下,员工集体戴护肘上阵,当然不是因为受了工伤,而是为了做真正的打折!这场行为艺术可谓好玩又有意义。据悉,除了这场行为艺术外,奥康双十一每年实施真打折。今年双十一更是以"新零售"为目标,从"会员通、商品通、服务通"三方面改善提升,构建全新的电商服务。首次实现线上产品同步到线下销售,实现同款同价,让消费者享受真正的优惠!

第一章 走近市场营销

一、认识市场营销

(一) 市场营销的内涵

1985年，美国市场营销协会（American Marketing Association，AMA）将市场营销定义为是关于构思、货物和服务的设计、定价、促销和分销的规划与实施过程，目的是创造能实现个人和组织目标的交换。交换双方中，如果一方比另一方更主动、更积极地寻求交换，则前者称为市场营销者，后者称为潜在顾客。这个定义告诉我们市场营销活动中的双方关系是相互对应的。持有货币的客户同样有可能成为市场营销者。营销大师菲利普·科特勒认为：市场营销是个人和群体通过创造并同他人交换产品和价值以满足需求和欲望的一种社会和管理过程。

综上所述，可以将市场营销定义为**通过市场交易来满足现实或潜在需要的综合性经营销售活动的过程**。市场营销的目的是**满足消费者现实或潜在需要**，市场营销的中心是**达成交易**，而达成交易的手段是**开展综合性的营销活动**。这一概念来源于实践，并随着企业市场营销活动实践的发展而不断变化。

可将市场营销视为一种计划及执行活动。其过程包括对一个产品、一项服务或一种思想的开发制作、定价、促销和流通等活动，其目的是经由交换及交易的过程来满足组织或个人的需求目标。现代市场营销活动不仅涉及商业活动，也涉及非商业活动；不仅涉及个人，也涉及团体；不仅涉及实物产品，也涉及无形服务和思想观念。

(二) 市场营销的特征

1. 营销是一种系统性活动

首先，营销活动的系统性表现在时间上的前后照应。在营销活动中，营销方案的每个环节总是紧密联系、环环相扣的，各个环节有机联系，整体互动，构成营销活动链，如果营销环节活动链脱节，那么营销活动的夭折也是可以预见的。

其次，营销活动的系统性表现在空间上的立体组合。市场营销活动包含了各个层面的构成要素，若要使营销活动正常运作，则必须要把各种营销要素进行跨领域的有机组合。在营销活动中，这种跨领域的有机组合能形成一种综合推进力来推动并促成产品的销售。

2. 营销是一种具有创新思维的活动

创新思维是一种打破常规思维模式的辩证思维过程，需投入大量智力资本和物质资本。**创新是营销的核心，贯穿于营销的整个活动过程**。为实现既定目标，企业要从所处环境出发。这种环境是综合了内部环境和外部环境的综合大环境，运用系统的、辩证的、发散的、动态的思维来分析客观事物并挖掘其内部联系，然后做出判断，以实现企业市场效益和效率的双重提升的。

创新思维模式如图1-1所示。

图1-1 创新思维模式

3

3. 营销是具有灵活可变性的活动

营销活动在实施的过程中会遇到各种不可预测因素的干扰，所以营销活动不是一成不变的，要具有一定的弹性以保证营销方案的可操作性。营销活动实施之前，不可能预料到实施过程中的所有因素，事物是千变万化的，任何方案都不可能做到尽善尽美，都需要在实施过程中根据实际情况加以调整和补充。营销的灵活可变性表现在：营销开始之时，就必须要考虑方案实施的时候环境形势的变化，让方案尽可能灵活、全面，以最大限度适应未来环境的变化；在方案的执行过程中，活动的实施者可以根据市场的反馈及时修正不合理部分，让方案贴近现实、适应市场。

（三）市场营销的主题

市场营销的主题是整个营销活动的核心，是整个营销程序中的主心骨，也是企业最终的目标。

市场营销的主题并不是唯一的，而是多元性的，是一个多层面和多级的综合表述。很多主题可能具有全面的代表性，又可能只代表一方面的核心。

在企业中，涉及企业战略发展的主题包括企业拓展、市场拓展、跨国营销、企业形象、产品开发。

在企业中，涉及营销策略的主题包括产品延伸、渠道选择、包装改进、产品认证、营销方式选择、商标设计、多品牌的推广、商品定价调整、营销广告、商标注册。

无论是选择哪种方式的主题进行营销活动，营销的最终目的都是使企业能够获取更多的利润。

（四）营销策划的组织机构

为了实现企业营销策划目标，选择形式适宜的市场营销策划组织机构是很重要的一环。营销策划的组织机构形式一般有以下几种：

1. "智囊团型"的策划机构

由企业抽调部分营销人员，并聘请专家管理顾问公司成立专门的策划班子，进行企业的市场营销研究，对企业的市场营销战略和策略做出规划和策划，然后通过企业的营销职能部门来组织实施策划方案。

这一策划机构的特点就在于它的灵活性和高效性。企业凭借"外脑"来策划营销方案，大大提高了市场营销策划的起点和水准，它通常是在企业经营的特定时期，如公司组织机构调整、业务经营范围发生重大变化、新产品上市、企业经营陷入困境等和面临重大事件时，在企业战略目标做出调整、行业内出现威胁性的竞争对手、竞争者采取了新的竞争策略等情况下设立并运作，完成特定任务后即刻解散。

2. "家族型"的策划机构

企业内部以营销职能部门为策划的主体单位，借助企业原有的市场营销组织机构和人员来采集信息、制定营销方案并组织实施。对于营销职能部门来说，在进行市场营销策划时必须考虑到企业营销组织机构的具体形式，以提高策划方案的针对性并有利于组织实施。

3. 混合型的策划机构

许多企业将这两种形式的策划机构结合运用，由"家族式"策划机构承担企业营销活过程中常规的策划任务，而以"智囊团型"的策划机构承担特定的营销策划任务，真正实现了营销策划组织机构的系统性、稳定性、灵活性和高效性。

营销策划组织如图1-2所示。

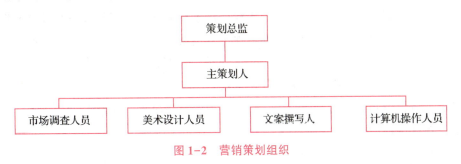

图1-2 营销策划组织

策划总监是营销策划活动的最高负责人，负责监督和管理策划活动中的各项工作，其主要工作职责和任务是协调营销策划组织与企业各部门及各方人士的关系，保证工作进度和效率等，策划总监通常由企业的总经理、营销副总经理或策划部经理担任。

主策划人相当于电影拍摄中的导演，在策划过程中起着关键性的作用。主策划人不仅要指挥各类策划人员的调研活动，并且要牵头组织策划活动，安排好策划人员的工作。营销策划的成功，是在主策划人充分发挥聪明才智的基础上集思广益的结果。策划活动对主策划人的要求比较高，一个合格的主策划人除要具备较强的业务素质和能力外，还必须要具有组织营销策划实践的丰富经验和高度的责任感。

由于策划活动对信息的依赖比较强，因此策划组织有必要设立专门的人员来负责策划活动所需信息的调查、收集、整理和分析等工作。知识经济时代信息量不但种类多而且真假难辨，对于调查人员来说是一个较大的挑战。一个优秀的市场调查人员必须具有敏锐的观察力、准确和有效获取信息的能力，只有具备这些优秀的素质，才能为策划活动提供全面而准确的信息。

文案撰写是一个集体工作，单独某一个策划人员不可能完成一份优秀的策划文案，策划文案是在主策划人的组织下由多个撰写人共同来完成的。这种集体合作模式不仅能保证策划工作的效率，也可以集思广益，提高策划工作的质量。单个文案撰写人虽然只负责文案的部分撰写，但他们必须熟悉和了解整个策划过程。策划文案是营销活动的文字表述，因此文案撰写人应该具有娴熟的文字表达能力及深刻思考和认识问题能力与富有想象力的创新性思维。

现代经济条件下，包装是一个必不可少的环节，精美的包装能够提升产品的档次和品位，因此，营销策划的过程实际上也是一个对企业和产品美化包装的过程。在营销策划过程中美术设计人员利用美学原理，通过创造性的想象来丰富和完善企业的视觉形象、商品标识、广告等。美术设计人员应该具有良好的美术功底及对美的独特表达能力，而美术设计人员对增强营销策划活动的视觉冲击力，以及提高策划活动的有效性具有十分重要的作用。

计算机已经成为人们工作中必不可少的工具，如文字处理、数据库的建立与整理、提案中特殊图形的制作等都需要使用计算机，而数据库及特殊图形的制作和处理需要更加专业技术人员来完成。专业的计算机操作人员不但可以提高策划活动的效率，还可以为策划活动及时有效地获取信息提供保证。

总之，营销策划是一项综合性的系统工程，每个环节的成败都关系到策划的成败，因此营销策划实施过程中要建立起尽量完备的组织。营销策划是一个由多方人士组成的、富于创造性的机构。只有这样，才能集思广益、博采众长，使营销策划这项复杂的活动顺利进行。需要注意的是，营销策划组织是一个十分注重效率的工作系统，组织健全并不意味着要盲目地引进策划人员，企业应根据自身的实际情况，本着精兵简政、效率优先的原则，减少不必要的环节，降低策划运营成本。

（五）企业营销策划的实现方式

企业组织营销策划推广企业形象和产品，需要依靠一定的手段来实现策划效果。这些手段依据其实现方式可以分为企业自主完成和借助外力完成两种。企业选择策划方案的实现方式时，要根据自身情况和所处内外环境进行取舍。另外，特殊情况下，企业还可以将两种方式结合起来。

1. 企业自主完成

自主完成的实现方式对企业的要求较高，企业要具备完善的组织策划机构，有能力自行组织企业内的营销管理人员建立自己的策划部门进行策划。对于一些实力较强的大型企业而言，可以组建自己的策划部门，组织和招纳策划专业人员负责企业的营销策划工作。企业自己组建策划部门，能够最大限度地结合企业自身特点，综合企业的内部环境和自身条件量身定制营销策划方案，保证其实施过程的顺利和最终效果的实现。此外，自身拥有策划部门能为企业节约大量成本并建立在自身发展过程中策划工作的长效机制，有利于长远的发展。

策划部门是企业发展的大脑，通过它企业能根据需要及时自行设计各种策划，对于企业的发展意义重大。营销策划作为企业自身的一个职能部门，在组织策划方面具有先天的优势，作为企业的一部分可以获取各种相关信息和数据，而根据这些数据和信息制定出的策划方案也更能贴合企业需要，更易与企业的发展战略相一致。

2. 借助外力完成

对于一些实力较小的公司，由于其经营规模和经营领域的限制，其对于营销策划的需求不是频繁性的，如果组织专门的策划机构，则会增加企业的人力成本，这种情况下企业一般可以临时性外聘专门的策划人员或专业的策划公司来进行策划。

对于大多数中小企业来说，借助外力作为营销策划的实现方式，在节约成本方面具有比较大的优势，也是中小企业通常采取的手段。对于借助外力方式的企业而言，外来人员或外部机构对自身的经营状况缺乏认识，外部力量只能起到参谋性或辅助性的作用，而不能代替企业进行决策。

由于每个企业都有自己的特点，因此在企业营销策划实践中究竟是自己策划还是依靠外部力量,并没有统一的标准。在营销策划方案实施的过程中,企业应在综合考虑自身的规模、实力及外部条件的前提下,根据策划工作的频度和复杂程度等因素,充分考虑每种方式的利害关系;根据利润最优的原则选择最有效的方式,以完成企业的策划活动。

(六) 企业营销策划的程序

营销策划是一种理论与实践相结合的企业经营活动行为,在营销策划中,构成其策划活动的各个部分之间相互联系并具有一定的逻辑性,因此,企业必须充分尊重这种逻辑,按照其内在的联系进行营销策划活动。根据营销策划过程和各部分的逻辑关系。通常,企业在进行营销策划时都会遵循一个可操作性的策划流程,不仅有利于提高营销策划的可控性,而且还有利于对策划结果的评估。

营销策划包括确定策划目的、进行市场调研、提炼策划创意、制定策划方案、进行方案评估、实施及控制方案和效果评估与修正等主要环节。营销策划的一般流程如图1-3所示。

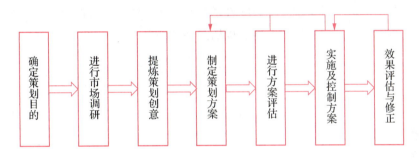

图 1-3 营销策划的一般流程

1. 确定策划目的

营销策划具有极强的目的性,即销售产品或解决企业经营问题,因此,策划人员进行策划时首先要明确策划目的,有的放矢,使策划更有针对性。明确策划的目的,是营销策划的起点,也是策划不出现方向偏离的基本保障。企业在确定策划目标时,要按照科学的方法去界定需要策划和解决的问题。界定问题的方法主要包括专注于重要问题法、细分问题法、深究委托策划者本意法、追踪问题使其明确化法等。

2. 进行市场调研

科学准确的资料信息是策划的基础和依据,如果没有进行市场调研,那么资料和信息就不全面、不准确,无论是对营销计划的制定还是对营销计划的执行都会产生消极的影响。资料信息分为直接资料和间接资料。直接资料主要是靠自身调研获得,间接资料可以从政府出版物、报刊、书籍及互联网获得。

在策划过程中,策划人员可以利用SWOT分析法对企业外部环境、内部条件及生产经营现状进行分析,明确企业的现实状况,充分认识企业外部市场机会和挑战及企业自身的优势和劣势,明确企业的定位。

企业外部环境可以按照从大到小的顺序分析,先宏观,再行业,最后是经营环境。在环境分析过程中,企业应重小轻大,即首先,把最多的精力放在经营环境上;其次,是行业环境;最后,是宏观环境。企业内部环境的分析重点是企业的总体战略和企业资源等,内部环境分析的目的在于找到与企业自身契合的目标,因为企业内部各方面的支持是营销方案能够执行的基本保障,若离开企业内部的支持,营销方案只能是一纸空文,所以符合企业自身状况的营销策划方案是营销活动成功的基础。

3. 提炼策划创意

前两个步骤完成后,营销策划人员就要运用各种创意方法进行策划案的创意构思,对策划对象进行系统设计并分析创意的可行性。创意是营销策划活动中的一个关键点,也是营销策划应用的核心部分。创意的好坏与其在整个策划过程中的合理运用,直接关系到营销策划的成败。

4. 制定策划方案

从确定目标、市场调研到构思创意已经完成了营销策划的前期准备工作,做好前三步也为策划方案的制定奠定了坚实的基础。随着创意的细化及对其可行性的评估不断地深入,策划方案开始初露端倪。制定策划方案的流程如图1-4所示。

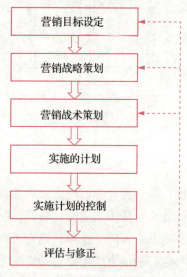

图1-4 制定策划方案的流程

5. 进行方案评估

策划方案一旦实施,就会花费大量的人力、物力和财力,因此为避免方案实施后出现一些阻碍性因素而导致营销成本的增加,有必要在策划方案实施前,对这种不确定因素进行排除,而这个过程就是进行方案评估。进行方案评估可以通过判断、逻辑推理及专家评估等手段实现。方案评估虽然只是一个检测性环节,但是对于整个营销活动起到重要作用。

6. 实施及控制方案

营销方案开始实施,企业所进行的一系列组织、指挥、控制和协调活动,就是实施及控制方案。在这个过程中,企业必须根据营销策划的目标,合理分配企业资源,处理好各种关系,加强领导,提高执行力,把营销策划方案的内容落到实处。在实施及控制策划方案的过程中,实施人员应充分认识到这个过程的不确定性,在尊重客观规律的基础上,将方案实施的稳定性与灵活性、程序性与机遇性、交替性与交叉性相结合来确保计划的顺利进行。

7. 效果评估与修正

对实施效果进行评估与修正是整个营销活动的最后一个环节,最后的收尾工作有利于整个过程处于一个良性的循环状态。顾名思义,效果评估与修正将营销策划方案的预期目标与实际情况加以比较,对整个营销活动进行评估,以查漏补缺,找出不足为下一次营销活动提供宝贵的经验。另外,效果评估与修正还可以对造成不利影响的因素加以修正,以使营销策划能够达到策划者所希望的目标。营销策划的评估与修正主要包括项目考核、阶段考核、最终考核和反馈改进等内容。

二、市场营销的原理与观念

(一) 市场营销的原理

1. 系统原理

系统意识是营销者最基本的素质要求,系统思想是营销活动最根本的思想原则,系统竞争力是评价营销方案的主要标准。系统原理包括整体性、动态性、开放性和环境适应性等原理,如图1-5所示。各原理的具体要求如下:

(1) 整体性原理要求从企业、地区、国家整体目标出发,营销活动服从企业和社会的整体利益,经营要有全球经济的整体性和全球市场的视野。

(2) 动态性原理要求把握经营发展动态,保持营销方案朝预定目标发展,准确预测世界及国内市场的发展趋势,创新地促进营销工作开展。

(3) 开放性原理要求思想开放、观念开放、技能开放,开放的国内外经济环境具有全球化和国际化的特征,人的经济行为本能是谋求开放等。

(4) 环境适应性原理要求重视市场环境因素,各种营销活动都要适应市场竞争的环境,而且营销过程也是磨炼适应市场的过程。

图1-5 市场营销的系统原理

2. 创新原理

创新是企业得以生存和发展的根本保障。若没有创新，企业不可能发展；没有创新，企业就像一潭死水，最终会在烈日的炙烤下干涸。

在激烈的市场竞争中，没有新意的营销很难以吸引顾客的注意，其最终结果只会使企业销声匿迹、遭到淘汰，企业只有独辟蹊径，创新出奇才能保证企业的健康长久发展。

需要注意的是，创新必须建立在客观实践的基础上，营销方案必须有可行性，脱离实践的创新无异于纸上谈兵。企业需要创新是为了获取市场的潜在利益，保证自身的发展。当不切实际的创新不能够获取利益或在组织人力、物力上面难以实现时，创新就变得毫无意义，可以说并非是一种创新，而是一种不切实际的想法。

3. 顾客中心原理

事物处在不断发展与变化之中，市场也处在不断地变化和发展之中。在变幻莫测的市场中如何把握住市场需求，是企业在营销过程中面临的最直接和最主要的问题。

消费者是市场的重要组成部分，在市场中扮演消费者的角色，消费者需求构成了市场需求，若要抓住市场需求，就要了解消费者，将其作为经营管理和营销活动的核心。

消费者中心原理是现在营销思想的集中体现。企业要以满足顾客需求为导向，生产出符合消费者需求的高质量产品，这样才能使企业在市场竞争中处于优势地位。

企业形象的建立与消费者有着直接的关系，企业只有为消费者提供物美价廉的产品，才能获得消费者的认可，从而形成稳定的消费群体并发挥其群体效应，通过社会公众的传播，影响其他消费者的消费心理。

4. 资源整合原理

营销是一项综合性工作。一项营销工作往往包含多个层次、结构与功能，其内部调整、聚合要扬长避短，充分发挥每个部分的积极作用，最终实现各个部分叠加的效果。

政策、法律法规、社会风俗、文化背景、宗教信仰、科教、竞争对手、供应商、分销商、辅助产业、消费者等都属于影响营销活动的外部因素；奖惩制度、职工积极性、产品部门、销售部门、财务部门、人力资源等则属于影响营销活动的内部因素。营销若要获得成功，企业就必须把营销外部影响因素和内部影响因素全部考虑进来并加以系统的整合与规划，充分利用各个要素的特点，使其形成一个内部要素相互促进的整体。对于外部因素，企业可以利用联盟、合作的方式发挥利益相关者的价值；对于内部因素，企业可以通过调动和控制充分发挥其作用。这样，企业可以实现以最小投入获得最大产出，而各要素整合起来所达到的效果将是任何一种简单的促销手段所不能比拟的。

(二) 市场营销的观念

1. 生产观念

生产观念是一种最古老的企业营销观念，产生于19世纪末至20世纪20年代。当时，整个社会处于工业化初期阶段，生产力水平低下，市场需求旺盛，产品供不应求。在这种经济背景下，为满足持续增长的市场需求，企业只需要关注生产状况，通过提高效率、降低成本、增加产量，就可以获取丰厚的利润，而不需考虑产品的销路。顾客则处于被动阶段，只有产品可买，没有品种可选。这一时期的生产观念认为，顾客喜欢那些可以随处买得到且价格低廉的产品，企业应致力于提高生产效率、扩大生产、降低成本，以扩展市场。

生产观念是一种重生产、轻市场的经营哲学，厂商根本不用考虑顾客需求就能够把产品卖出去，甚至以产定销。这种观念只有在物质资源极度缺乏、产品供不应求的条件下才能创造辉煌。

2. 产品观念

如果生产观念强调以量取胜，那么产品观念则强调以质取胜。产品观念考虑到了一层竞争的色彩，注意到顾客在产品质量、性能、特色、价格等方面的愿望。产品观念片面强调产品本身而忽视市场需求，认为只要产品质量好、功能全、具有特色，顾客就会购买。产品观念产生于市场产品供不应求的卖方市场形势下，在市场需求变化快、竞争激烈的市场经济条件下是不适用的。产品观念容易使企业患上"营销近视症"，即只注重产品本身而忽视市场的真正需求。坚守"酒香不怕巷子深"，迷信"祖传秘方"等就是产品观念的最好例证。

3. 推销观念

推销观念（或称销售观念）产生于由卖方市场向买方市场过渡的阶段。在这个阶段，产品大量积压、销售困难、竞争加剧，迫使企业重视采用广告与推销的手段。推销观念是生产观念的发展和延伸。

推销观念表现为"卖我们所生产出来的产品"，而不是"生产我们所能卖的产品。"它认为，顾客通常表现出一种购买惰性或抗衡心理，企业只有大力推广和强销，消费者才会购买其产品。

这种观念虽然比前两种观念前进了一步，开始重视广告及推销。但其实质仍然是以生产为中心，只是想方设法地把产品销售出去，至于销售出去以后，顾客是否满意则未能引起企业业足够的重视。

学习参考

三株公司为什么会衰败

1994年，三株公司（以下简称"三株"）莺啼初试，销售额达1.25亿元，1995年猛升至23亿元，1996年则达80亿元。这3年称得上是三株的黄金时代。在一些城市，人们因买三株口服液排起了长龙，每瓶二三十元的价格曾被哄抬至七八十元，人们称"卖疯了"。支撑这个销售奇迹的是三株的推销手段，它在全国各大城市注册了600个子公司，吸纳了15万名推销人员，三株的传单、招贴、标语和横幅满天飞舞，这一切使三株成了家喻户晓的牌子。然而几年后，三株销售业绩开始下滑，还欠下大笔贷款。三株公司彻底衰败了。

4. 市场营销观念

市场营销观念是商品经济发展史上一种全新的企业经营哲学，是第二次世界大战后在美国产生的。这种观念以满足顾客需求为出发点，即"顾客需要什么就生产什么"，它把企业的生产视为一个不断满足顾客需求的过程。市场营销观念是"发现需要并设法满足它们",而不是"生产产品并设法销售出去"。

市场营销观念的出现,不仅使企业经营观念发生了根本性变化,而且也使市场营销学发生了一次革命。许多优秀的企业都奉行市场营销观念,如日本本田汽车公司要在美国推出一种"雅阁"牌新车。在设计新车前,它们派出工程技术人员专程到洛杉矶地区考察高速公路的情况,实地测量路长、路宽,采集高速公路的沥青,研究出入口道路的设计。市场营销观念是在企业与顾客之间找出一个结合点,使双方都能从中获得利益。

5. 社会市场营销观念

社会市场营销观念是对市场营销观念的修改和补充,产生于20世纪70年代西方资本主义出现能源短缺、通货膨胀、失业增加、环境污染严重、顾客保护运动盛行的形势下。在这种背景下,人们纷纷对市场营销观念提出怀疑和指责。因为市场营销观念只是考虑了消费者的利益和企业的利益,而忽视了社会整体的利益和长远利益,许多企业为满足消费者需求而生产了高污染、高能耗、危害人们身体健康的产品。所以社会市场营销观念要求企业的市场营销策略不仅要满足消费者的需求和由此获得企业利润,而且要符合整个社会的长远利益,以求得各方利益的平衡与协调。

6. 大市场营销观念

大市场营销观念是指企业在封闭的市场上开展市场营销的一种新的营销战略思想,核心内容是强调企业的市场营销既要有效地适应外部环境,又要能够在某些方面发挥主观能动作用和使外部环境朝着有利于企业的方向发展。

大市场营销观念与一般营销观念相比具有两个特点:第一,大市场营销观念打破了可控制要素和非控制要素之间的界线,强调企业营销活动可以对环境产生重要影响,使环境朝着有利于实现企业目标的方向发展。第二,大市场营销观念强调必须处理好多方面的关系,才能成功地开展常规的市场营销,从而扩大企业市场营销的范围。

7. 全球营销观念

全球营销观念是指企业在全球市场进行营销活动的一种崭新的营销思想。全球营销观念在某种程度上完全抛弃了本国企业与外国企业、本国市场与外国市场的概念,而是把整个世界作为一个经济单位来处理。全球营销观念强调营销效益的国际比较,即按照最优化的原则,把不同国家中的企业组织起来,以最低的成本、最优化的营销来满足全球市场的需要。

8. 绿色营销观念

绿色营销观念是指在生产经营过程中,企业将自身利益、消费者利益和环境保护利益三者统一起来并以此为中心,对产品和服务进行构思、设计、销售和生产。绿色营销观念认为,企业在营销活动中,要顺应时代可持续发展战略的要求,注重地球生态环境保护,促进经济与生态环境协调发展,以实现企业利益、消费者利益、社会利益及生态环境利益的协调统一。从这些界定中可知,绿色营销是以满足消费者和企业共同利益为目的的社会绿色需求管理,以保护生态环境为宗旨的绿色市场营销模式。

绿色营销是企业以环境保护为经营指导思想，以绿色文化为价值观念，以消费者的绿色消费为中心和出发点的营销观念、营销方式和营销策略。它要求企业在经营过程中贯彻执行自身利益、消费者利益和环境利益相结合的原则。

绿色营销是为适应21世纪消费需求而产生的一种新型营销理念，但绿色营销模式的制定和方案的选择及相关资源的整合不能脱离原有的营销理论基础。可以说，绿色营销是在人们追求健康、安全、环保的意识形态下发展起来的新的营销方式和方法。

经济发达国家的绿色营销发展过程，已经基本上形成了以绿色需求→绿色研究→绿色生产→绿色产品→绿色价格→绿色市场开发→绿色消费为主线的消费链条。

营销观念发展图谱如图1-6所示。

图1-6　营销观念发展图谱

三、市场营销新概念

（一）整合营销

整合是欧美以消费者为导向的营销思想在传播领域的具体体现，起步于20世纪90年代，倡导者是美国的舒尔兹教授。整合营销又称整合营销传播，是对各种营销手段和营销工具进行系统化结合的一种规则和新型营销模式。它以人群为中心，通过所有能够与目标人群进行传播的手段进行品牌宣传、渠道推广，从而实现产品推广的最大效益化。

整合营销更多情况下是为了推广、维护和宣传品牌，甚至为加强同消费者之间的关系而对产品进行策划、实施以及监督的系列性营销工作。

（二）网络营销

网络营销全称网络直复营销，属于直复营销的一种形式，也称为网上营销，是指企业借助计算机网络、通信和数字化交互式媒体的功能进行营销活动的一种全新的营销方式。

典型的网络营销就是企业在网上设计自己的主页，在网上开设"虚拟商店"，用于陈列、宣传商品，顾客足不出户就可以通过任何一部联网的计算机进入其中，从浏览、挑选、下订单到支付货款都在网上完成，之后等待送货上门的一种营销方式。

（三）服务营销

服务营销是指企业在充分认识消费者需求的前提下，为满足消费者的需要而采取的一系列服务活动。服务营销是一种营销理念，认为企业营销的是服务。人最高的需求是尊重需求和自我实现需求，服务营销正是为消费者提供了这种需求。服务营销不仅是某个行业发展的一种新趋势，更是社会进步的一种必然产物。服务营销的特点包括：供求分散性；营销方式单一性；营销对象复杂多变；服务消费者需求弹性大；对服务人员的技术、技能、技艺要求高。

（四）关系营销

关系营销是指在营销过程中，企业与消费者、供应商、分销商、竞争者、政府机构及公众等发生相互作用的过程。关系营销的核心是建立和发展与利益相关者的良好关系，目的是更好地争取并确保自身的市场份额，提高市场竞争力。关系营销的概念是1985年由美国学者巴巴拉·本德·杰克逊提出的。

关系营销的本质是通过企业与公众的双向沟通、亲密合作、相互控制，企业与公众双方均呈现双赢的局面，因此做好关系营销，要遵循主动沟通、承诺信任、互惠三原则。关系营销的作用是提高收益、保留更多顾客、扩大顾客范围、提高市场效力、吸引大型设备和复杂产品的购买者。

（五）体验营销

体验营销是指从消费者的感官、情感、思考、行动、关联等5个方面来重新定义、设计营销的思考方式。这种思考突破了传统的"理性消费者"的假设，认为消费者在消费时兼具理性和感性，研究消费者在整个消费过程中的体验才是企业营销活动的关键所在。

体验营销应以消费者为中心，一切都围绕着消费者来进行。在设计的时候，应把握人性，努力把人的敏感性激发出来，引领消费者在设定的程序里完成各种体验，并实现共鸣。

（六）文化营销

文化营销是企业从消费者的文化环境、文化价值取向和精神文化需求入手，营造科学的、人情的、艺术的销售环境和产品，与消费者进行交易，促使其消费的营销管理过程。文化营销以消费者为中心，强调的是物质需求背后的文化内涵，把文化观念融入营销活动全过程，是文化与营销的一种交融活动，整个市场营销过程实际上就是一个文化价值传递的过程。

（七）口碑营销

口碑营销又称病毒式营销，其核心内容就是能"感染"目标受众的病毒体——事件，病毒体威力的强弱则直接影响营销传播的效果。在今天这个信息爆炸、媒体泛滥的时代，消费者对广告，甚至新闻，都具有极强的免疫能力，只有制造新颖的口碑传播内容才能吸引大众的关注与议论。"张瑞敏砸冰箱事件"在当时是一个引起大众热议的话题，海尔公司的产品由此获得了广泛的传播与极高的赞誉，可之后又传出其他企业类似的行为，就几乎没人再关注，因为大家只对新奇、偶发、第一次发生的事情感兴趣，所以，口碑营销的内容要新颖奇特。

口碑源于传播学，由于被市场营销广泛应用，所以有了口碑营销。传统的口碑营销是指企业通过员工的朋友和亲戚相互交流将自己的产品信息或者品牌传播开来。

（八）概念营销

概念营销是指企业在对社会、文化及其发展趋势和消费者的心理需求进行科学预测的基础上，创造符合消费需求的、具有核心价值理念的轴心概念，并通过推出这一概念向消费者传播产品品牌，包含功能取向、价值理念、文化内涵、科技知识、时尚观念等，以引起其心理共鸣并产生购买行为的差异化营销方法。

（九）全域营销

全域营销是指通过技术手段将传统营销链路上看不见的消费者和消费者决策路径变成可视的、可触达的消费者群体，让消费者的行为可被分析、可被追溯、能够互动。

全域营销的根基的是大数据，而大数据具有以下五个特点：

（1）数据量大：数据要有足够的量，这是大数据的首要条件。

（2）数据够全：这里说的"全"是指消费者整个生活场景中方方面面的数据。

（3）数据要活：能够反映消费者行为轨迹，并且一直持续更新的数据才能被认为是活数据。

（4）数据能用：能用的标准是用一种商业逻辑将这些大的、全的、活的数据利用技术手段架构起来。

（5）数据好用：使用者可以便捷地使用庞大的数据。这方面，需要使用者具备一定的数据使用能力，同时，也需要将大数据产品化、工具化。

拓展阅读

紧密结合新媒体环境，创新企业营销模式

新媒体时刻处于动态变化中。企业应紧密结合新媒体环境，不断创新市场营销模式，可重点从以下3个方面着手。

1. 构建体验式消费模式，多方面满足消费者的消费需求

旧媒体环境下的传统消费模式仅注重产品或服务的品质、质量、价格等因素。随着科学技术的不断发展和消费经济的逐步变革，新媒体时代的消费者开始将消费体验纳入考察范围，即消费者越来越注重消费行为发生过程中的优质体验。为从根本上满足消费者的上述需求，企业应积极利用计算机和网络技术，设计并建设出类似于实体消费环境的虚拟平台，为消费者的体验消费提供渠道，增进消费者对产品的了解，继而强化市场营销效果。例如，衣服的全面展现与虚拟穿戴体验。服装生产与销售类企业可构建虚拟平台为消费者的服装搭配和试穿等提供便利，最大限度地满足消费者的好奇心和自由选择性。

2. 开展科学恰当的情景式广告

新媒体蕴藏了巨大的信息量，其中也不乏各种垃圾信息，无效的信息不仅不能拉近企业与消费者的距离，甚至会导致消费者产生厌烦情绪，因此，企业可开展情景式广告，就是将广告巧妙地融入故事情节中或以故事的形式展现产品，给消费者以良好的营销体验。

3. 增进企业营销方式的互动性

多种新媒体形态为企业和消费者之间的直接沟通提供了便利，如智能手机、计算机等。企业与消费者之间的有效互动不仅可增进消费者对企业的信任，而且也能够为企业提供多元的消费者信息，所以，企业应注重双方互动，构建具有强互动性的新型营销模式。

第二章

制定营销战略

营销战略是整体指导企业营销活动的宏观管理活动。在做营销策略之前，企业要先制定营销战略，用以指导具体的营销策略制定与实施。营销战略的制定要考虑到企业自身因素、宏观与微观市场因素、竞争对手因素等。因此，制定营销战略之前，企业要调查市场营销环境，选择目标市场，然后，创设合理的营销组织，执行和管理营销战略。

知识目标

1. 掌握企业市场环境的初步判断。
2. 掌握市场调查的方法。
3. 掌握市场细分的方法。
4. 认识常见的营销组织。
5. 理解营销组织设计的原则。
6. 了解企业的入市战略。
7. 理解企业的两种扩张战略。
8. 理解企业的市场退出战略。

技能目标

1. 能够进行市场调查。
2. 能够准确地进行市场细分。
3. 能够在一个营销组织中准确定位自己。
4. 能够制定营销组织的入市战略。

市场营销

知识导图

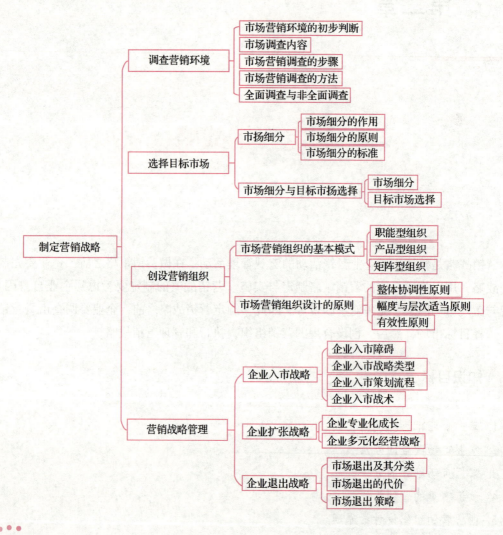

案例导入

2019 年新征程再腾飞

2019 年,北汽集团将坚持"稳中求进,进中求质"的工作总基调,深化供给侧结构性改革,按照高质量发展的要求,立足"高、新、特",以客户为中心、聚焦改革调整和自主创新工作为主线,围绕"巩固根基、增强活力、提升水平、畅通体系"等方面,加速推动"两个转型""集团化2.0""双轮驱动"等战略落地,激发高质量可持续发展的强劲动力。

第二章 制定营销战略

2019年，北汽集团重点推进了六项任务：一是落实双轮驱动，打造有竞争力的智能网联新能源汽车产品；二是加快自主核心品牌建设，打造差异化竞争优势；三是稳步推进生态链合作，抢占核心技术竞争制高点；四是强化逆周期调节能力，保障企业可持续发展的动力；五是加大开放合作力度，走出全球化发展新路径；六是围绕混改强化资本运作，加强改革激发体制活力。

"中流击水再奋进，逆风飞扬续辉煌。"2019年，在机遇与挑战面前，北汽集团踏上了高质量发展的新征程，实现了蓄势再腾飞；为"百年北汽"的发展大计、为首都北京的创新发展、为中国汽车工业由大变强而勇往直前。

一、调查营销环境

（一）市场营销环境初步判断

1. 国内市场已经进入买方市场

在我国市场中出现的供大于求的现象具有一定的普遍性，各个产业领域基本上都出现过这种现象，买方市场的表现具有普遍意义。无论是从全国性市场到区域性市场、从城市市场到农村市场，还是从投资品市场到消费品市场、从商品市场到要素市场，都不同程度地表现出了买方市场的重要特征。市场上商品的供求关系发生了根本性的变化，社会商品的供给总量基本满足甚至是超过了市场需求的总和。消费者的地位得到了明显的提高，并且成为市场的主导力量，对商品有着绝对的取舍权。

2. 国内买方市场的特征

与发达国家的买方市场相比较，我国的买方市场还不成熟，只能称为"初级买方市场"。其主要表现为以下两个方面的特征：

（1）相对性。我国的买方市场是相对的、不成熟的，主要表现为卖不掉与买不到共生、买不起与没新东西买并存。在城市，房价昂贵，虽然很多的居民都有在城市中购买房屋的意愿，但是由于自身的购买力有限，因此只能是望而却步。在农村，劣质产品横行，人们往往倾向于到城市购物，而对于城市中的高价格的产品，农民也是束手束脚。

（2）初级性。在发达国家的买方市场中，其国内的人均国民生产总值已经达到了两万美元的高层次消费水平，而我国的买方市场只是基本上达到了温饱的水平，还处于初级的阶段。在我国，根据收入水平划分需求结构，可以分为四种类型：生存型、温饱型、小康型、富裕型。我国大多数的居民都正处于从温饱型向小康型需求结构过渡的阶段，不同的是：城市居民要先进入小康社会，农村居民则要落后。

3. 企业营销的能力分析

企业在营销策划时，不仅要对相关的概念进行明确，而且还要对企业的入市能力进行全面详细的分析。企业市场进入能力的构成，如图2-1所示。

市场进入能力会集中反映出企业的开拓创新能力和整体的经营管理水平。这是因为，如果入市成功,那么就表明企业会有更高一层的发展,因为其找到了新的增长点;如果企业入市失败,那么企业不仅会遭受经济损失,而且开拓市场的信心和消费者的信心都会遭受沉重的打击。企业的市场进入能力主要体现在:排除干扰和反排挤能力;选择突破口的能力;有效突破能力。

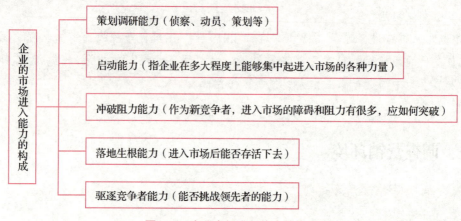

图2-1 企业市场进入能力的构成

(二)市场营销调查内容

1. 宏观经济调查

企业对产品的品种、规格、质量和数量等方面的要求,是受整个社会总需求制约的,而社会总需求的动态是与国家经济建设的方针、政策直接有关的,因此,任何企业的经营管理都必须适应国家经济形势的发展,严格遵守政府的方针、政策和法令。只有在这个大前提下,才能实现自主经营。所以,企业首先必须对宏观经济进行调查,即调查整个国家经济环境的变化对产品可能造成的影响。

企业调查的宏观经济要素如表2-1所示。

表2-1 企业调查的宏观经济要素

环境因素	具体内容
自然	地理、资源、气候
人口	人口规模、年龄结构、人口分布、种族结构
经济	社会购买力、利率、储蓄、国内生产总值、收入分配
社会文化	教育水平、语言文化、宗教信仰、风俗习惯、价值观、审美观
政治法律	政局、方针政策、国际关系、政策、法律法规
科技	产品创新、知识的运用、新型通信技术

2. 用户需求的调查

对用户需求的调查,就是要了解和熟悉用户,掌握用户需求的变化规律,千方百计满足用户需求。了解本企业产品的用户是谁?是生产性用户,还是非生产性用户?是城市用户,还是农村用户？是国内用户，还是国外用户？谁又是最主要的用户？用户不同，需求的特点也不同，要按照不同特点去满足用户需求。

对影响用户需求的各种因素进行调查。例如，调查用户购买力的大小。用户购买力分为集团购买力和个人购买力。集团购买力受国家财政经济状况及税收政策的影响，个人购买力主要取决于劳动者个人和家庭经济收入。又如，调查社会风俗习惯、文化水平、民族特点对用户的需求有什么影响？用户的购买动机是什么？用户想购买什么样的产品？

对用户的现实需求和潜在需求进行调查。所谓现实需求，就是用户已意识到有能力购买，也准备购买客观存在的某种产品的需要，既包括对本企业已有的新老产品的需求，也包括本企业没有生产而市场已有产品的需要。

3. 产品销售调查

对于企业而言，只有把产品销售出去，才能获取一定盈利，才能有足够资金重新购置生产资料进行再生产，因此，对产品的销售调查，实际上就是对产品的销路、产品的价值能否实现的调查。这对企业是至关重要的。

4. 竞争对手的调查

企业的竞争场所是市场，产品的销售量是企业竞争的"晴雨表"，只有通过市场调查才能掌握竞争的情况。例如，在全国或一个地区有哪些同类型企业，企业实力大小如何？所谓企业实力，是指企业满足市场要求的能力，包括生产能力、技术能力和销售能力等。这些企业中，谁是最主要的竞争者？谁是潜在的竞争者？主要竞争者的产品市场分布如何？市场占有率多大？它对本企业的产品销售有什么影响？所谓市场占有率，是指本企业的某种产品在市场销售的同类产品中所占的比重。市场占有率反映一个企业的竞争能力和经营成果。主要竞争者采取了哪些市场营销组合策略？这些营销组合策略发生作用后对企业的生产经营产生什么程度的影响？

（三）市场营销调查的步骤

1. 确定调查目的

市场调查目的是通过各种方法搜集必要的资料并加以分析和整理，得出一定的结论，为企业决策者提供决策依据。调查第一步必须认真确定调查目的。

2. 确定搜集资料的来源和方法

企业可以利用并主动寻找许多资料来源。资料可分为：第一手资料，即企业为调查某问题而收集的原始资料；第二手资料，即已存在且为调查某问题而收集的资料。第二手资料有：内部资料，如公司的资产负债表、损益表、销售报告、存货记录等；政府文件，如统计年鉴、行业资料统计等；期刊和资料，如专业杂志、消费者杂志的调查资料；专业信息公司资料，如美国的A.C.尼尔森公司、国内的零点调查公司都拥有各种专项资料出售。

一般来说，第一手资料获取成本高，但资料适用性强，第二手资料则相反。调查第一手资料的常用方法有调查法、观察法和实验法。

3. 收集资料

由于科学技术（尤其是电子技术）突飞猛进的发展，许多传统的信息收集方法已被先进、迅速、准确、即时的电子方法所代替。例如，借助光学扫描仪，对出售商品上条形码的阅读识别记录、商品的库存等重要信息就可通过专用或原有通信网络传送到全国统一的信息中心并对配送中心等输出送货指令，从而提高工作效率和企业的经济效益。

4. 分析资料

企业运用市场营销分析系统中的统计方法和模型方法对收集的信息加以编辑、计算、加工、整理，去伪存真，删繁就简，最后用文字、图表、公式将资料中潜在的各种关系、变化趋势表达出来。

5. 提出调查结论，撰写调查报告

针对市场调查的问题，调查人员运用分析资料，提出客观的调查结论，通常用调查报告的形式将市场调查结果呈送给决策者。对于商业性市场调查公司来说，调查报告也是其递交给客户的有关工作的主要结果。

学习参考

市场营销的微观与宏观环境

从基本构成来看，市场营销环境总体上可以划分为三个层次：第一个层次是市场营销者，它处于市场营销环境的最中心，既可以是独立的个人，也可以是企业；第二个层次是微观环境，包含企业内部、供应商、营销中介、目标市场、竞争者、公众；第三个层次是宏观环境，包含人口、经济、自然、政治、法律、社会文化、科学技术等因素。市场营销环境的基本构成如图2-2所示。

图 2-2　市场营销环境的基本构成

从环境对企业营销活动影响的直接程度来划分，市场营销环境又可分为宏观环境和微观环境。宏观环境是决定或影响企业市场营销活动的外在力量，又称间接环境或总体环境。微观环境是企业在营销活动中与企业发生直接联系的对象，直接影响并制约企业的营销活动，大多与企业有着较为密切的经济往来，因此又称直接营销环境或作业环境。

企业的宏观环境是指间接影响和制约企业营销活动，形成企业的市场机会和威胁的主要社会力量，包括人口环境、经济环境、自然环境、政治与法律环境、社会文化环境和科学技术环境。人口是市场的第一要素。人口数量直接决定市场的潜在容量，人口越多，潜在的市场规模就越大。如果有足够的购买力，那么人口的增长往往意味着需求的增长与市场的扩大。此外，人口的增长，对各种资源的供应又会形成过大的压力，使企业成本增加，利润下降。经济环境是指能够影响消费者的购买力和消费方式的因素，包括经济发展阶段、地区发展状况、消费者收入、消费者支出模式和消费结构的变化、信贷与储蓄等。自然环境是指影响企业生产经营活动的客观因素，包括地理、气候、资源等。自然资源的发展变化会给企业带来机会或造成威胁，所以企业不能忽视自然环境带来的影响。目前自然资源给企业带来的影响主要反映在三个方面：某些自然物质资源短缺或即将短缺；环境污染与自然灾害；自然灾害的发生也会给企业和国家的发展带来重要影响。政治与法律环境是指国家的政治（包括政治体制、格局、对外关系和安全状况等）发生变动引起经济形势变化，以及政府通过法律、经济手段来干预社会的经济生活。企业营销活动会受到政治法律环境的规范、强制和制约，企业必须注意国家的每一项政策和立法及其对市场营销等。

微观营销环境是指对企业服务其目标市场的营销能力构成直接影响的各种力量，包括企业内部、供应商、营销中介、消费者、竞争者和公众。从市场营销的角度来看，企业由最高管理层、市场营销管理部门和其他职能部门构成。企业为了实现营销目标，要使企业人力、物力、财力等资源最佳配合，并不断满足消费者需求，从而取得市场营销的成功。企业在提出营销计划，做出决策的过程中，市场营销管理部门应注意与其他职能部门（财务、采购、制造、研究与开发等）的协调，还要考虑最高管理层制定的企业任务、目标、战略和政策，在高层管理部门规定的职责范围内做出营销决策并报最高管理层批准执行。供应商是指为企业生产或经营提供所需要的各种资源的企业或个人，包括提供原材料、零配件、设备、能源、劳务及其他用品等。供应商的影响主要表现在：资源供应的可靠性；资源供应的价格及其变动；资源供应的质量水平。企业的目标市场就是消费者。企业与供应商和中间商保持密切关系的目的就是为了有效向目标市场的顾客提供商品和服务。目标市场的获取和保留是企业利润的来源，是企业最重要的环境因素。按照现代市场营销观念，如果企业要在竞争者中成功，就必须满足在消费者欲望方面比竞争对手强。企业首先要识别不同类型的竞争者，并采取不同的竞争对策。公众是指对一个组织实现目标的能力有兴趣或有影响的任何团体。一个企业面临的公众主要有 7 种：政府、媒介、金融、普通公民、地方公众、一般公众、企业内部公众。

（四）市场营销调查的方法

市场调查方法选择的合理与否，会直接影响调查结果，因此，合理选用调查方法是市场调查工作的重要环节。市场调查的基本方法可以分为以下三类：

1. 询问法

询问法是由调查者先拟订出调查提纲，然后向被调查者以提问的方式请他们回答并收集资料。

（1）面谈调查。采用面谈方式调查时，可以一个人面谈，也可以几个人集体面谈；可以一次面谈，也可以多次面谈。这种方法能直接与被调查者见面而听取意见并观察其反应；这种方法的灵活性较大，可以一般地谈，也可以深入详细地谈，并能互相启发，得到的资料也比较真实，但是，这种方式调查的成本高，调查结果受调查人员的政治、业务水平影响较大。

（2）电话调查。电话调查是由调查人员根据抽样的要求，在样本范围内，用电话向被调查者提出询问，听取意见。使用这种方法调查收集的资料快，成本低，并能以统一格式进行询问，所得资料便于统一处理。但是这种方法有一定的局限性，只能对有电话的用户进行询问，不易取得与被调查者的合作，不能询问较为复杂的问题，调查不甚深入。

（3）邮寄调查。邮寄调查又称为通信调查，就是将预先设计好的询问表格邮寄给被调查对象，请他们按表格要求填写后寄回。这种方法调查范围较广，被调查者有充裕的时间来考虑问题，不受调查人员的影响，收集意见、情况较为真实，但是问卷的回收率较低，时间往往拖延得较长，被调查者有可能误解问卷的含义，影响调查结果。

（4）留置问卷调查。留置问卷调查就是由调查人员将表格、问卷当面交给被调查人，并说明回答要求，留给被调查者自行填写，然后由调查人员定期收回。使用这种方法调查的优缺点介于面谈调查和邮寄调查之间。

2. 观察法

观察法是由调查人员直接或通过仪器在现场观察调查对象的行为动态并加以记录而获取信息的一种方法。可以通过调查者到现场观察被调查者的行动来收集情报资料，也可以安装仪器进行录音和拍摄（如使用照相机、摄影机、录音机或某些特定的仪器）。观察的方式有人工观察和非人工观察。人工观察即到顾客购买现场观察，到产品使用单位的现场观察。这种方法能客观地获得准确性较高的第一手资料，但调查面较窄，花费时间较长。在市场调查中用途很广，如研究人员可以通过观察消费者的行为来测定品牌偏好和促销的效果。随着现代科学技术的发展，人们设计出一些用专门的仪器来观察消费者的行为观察法，可以观察到消费者的真实行为特征，即非人工观测法，但是只能观察到外部现象，无法观察到调查对象的一些动机、意向及态度等内在因素。

3. 实验法

某种产品在大批量生产之前，先生产一小批向市场投放并进行销售实验，观察和收集消费者有关方面的反应来获得情报资料，即在特定地区、特定时间向市场投放一部分产品进行试销，故也称为"实验市场"。实验的目的如下：

（1）观察本企业生产的产品质量、品种、规格、外观是否受欢迎。

（2）了解产品的价格是否被消费者所接受。目前常采用的产品展销会、新产品试销门市部等都属于实验调查法。

（五）全面调查与非全面调查

按其调查的范围，市场调查方法还可分为全面调查和非全面调查。

1. 全面调查

全面调查又称普查，即在对调查对象所包括的全部单位中都要逐一地、毫无遗漏地进行

调查统计。很显然，这种调查的好处就是能够搜集到比较全面、细致、精确的资料，但缺点是工作量大，花费的人力、物力、财力多，循环时间过长。

2. 非全面调查

非全面调查就是对调查对象的一部分进行调查。这种调查方法可以节省人力、物力、财力和时间。非全面调查包括重点调查、典型调查、抽样调查等。

（1）重点调查就是对被调查对象进行全面分析的基础上，有目的、有计划地选择几个具有代表性的典型单位，做系统的、周密的调查。

（2）典型调查就是通过具有代表性的用户或地区的调查，以达到对全部用户需求的基本认识，了解市场的大体趋势。这种典型调查的好处是：调查的单位少，情况可以摸得准，情报汇总得快，节省人力、物力和财力。典型调查适用于专业生产比较强，能比较准确掌握供应面，产品供应比较稳定的企业。

（3）抽样调查就是从被调查对象的总体中抽取一部分样本单位进行调查，用以推算总体。它适用于一些使用量大、涉及面广的产品。

大多数的市场调查是抽样调查，即从调查对象总体中选取具有代表性的部分个体或样本进行调查并根据样本的调查结果去推断总体。抽样方法按照是否遵循随机原则可分为随机抽样方法和非随机抽样方法。

①随机抽样方法：就是按照随机原则进行抽样，即调查总体中每一个个体被抽到的可能性都是一样的，是一种客观的抽样方法。随机抽样方法主要分为简单随机抽样、等距抽样、分层抽样和分群抽样。

②非随机抽样方法：常用的非随机抽样主要有任意抽样、判断抽样和配额抽样。

任意抽样。任意抽样也称为便利抽样，这是纯粹以便利为基础的一种抽样方法。街头访问是这种抽样最普遍的应用。这种方法得出的结果偏差很大，极不可靠，一般用于准备性调查，而正式调查阶段则很少采用。

判断抽样。判断抽样是根据要求样本设计者的判断进行抽样的一种方法。它要求设计者对母体有关特征有相当的了解。利用判断抽样选取样本时，应避免抽取"极端"类型，而应选择"普通型"或"平均型"的个体作为样本，以增加样本的代表性。

配额抽样。配额抽样与分层抽样法类似，要先把总体按特征分类，根据每类的大小规定样本的配额，然后由调查人员在每类中进行非随机的抽样。这种方法比较简单，又可以保证各类样本的比例，比任意抽样和判断抽样样本的代表性都强，因此在实际中的应用较多。

学习参考

设计调查问卷

调查问卷是市场营销调查的重要工具之一。在大多数市场调查中，研究者都要依据研究的目的设计某种形式的问卷。问卷设计没有统一固定的格式和程序，一般有以下几个步骤。

第一，确定需要的信息。在问卷设计之初，研究者首先要考虑的就是要达到研究目的、检验研究假设所需要的信息，从而在问卷中提出一些必要的问题以获取这些信息。

第二,确定问题的内容。确定需要的信息后,就要确定在问卷中要提出哪些问题或包含哪些调查项目,在保证能够获取所需信息的前提下,要尽量减少问题的数量,降低回答问题的难度。

第三,确定问题的类型。问题的类型一般分为以下3类。①自由问题:这种回答问题的方式可以获得较多的真实信息,但是被调查人因受不同因素的影响,各抒己见,使资料难以整理。②多项选择题:这种问题应答者回答起来简单,资料和结果也便于整理。需要注意的问题是选择题应包含所有可能的答案,又要避免过多和重复。③二分问题:二分问题回答简单也易于整理,但有时可能不能完全表达出应答者的意见。

第四,确定问题的词句。问题的词句或字眼对应答者的影响很大,有些从表面上看差异不大的问题,由于字眼不同,应答者就会做出不同的反应,因此问题的字眼或词句必须斟酌使用,以免造成回答不正确。

第五,确定问题的顺序。问题的顺序会对应答者产生影响,因此,在问卷设计时问题的顺序也必须加以考虑。原则上开始的问题应容易回答并具有趣味性,以提高应答者的兴趣,涉及应答者个人的资料应在最后提出。

第六,问卷的试答。一般在正式调查之前,设计好的问卷应选择小样本进行预试,其目的是发现问卷的缺点并加以改善,以提高问卷的质量。

二、市场细分与目标市场选择

(一) 市场细分

市场细分是指营销者按照一定的细分因素,将某一整体市场划分为若干个需求不同的群体的过程,从而可以确定企业的目标市场。这一划分过程被称为市场细分化,它是对消费者进行划分,而不是对产品进行划分。每个细分市场内的消费者具有类似的需求倾向、偏好、购物行为等。处于不同细分市场内的消费者对于同一产品的需求和欲望有明显差异,因此会产生不同的购买行为。

1. 市场细分的作用

市场细分是企业选择目标市场和市场定位的基础,因此进行市场细分对于企业实现战略目标存在着重要的作用。通过市场细分,企业可以对不同细分市场上消费者的购买能力、需求、偏好等方面有较为深入的了解,从而发现哪个细分市场上尚存在着需求空白。通过市场细分,企业能够确定该类产品所要服务的主要目标群体,而这一细分市场消费者具有相似的个性特征、偏好、教育背景等,使目标市场的购买行为具有一定的相同性。企业不能把所有的消费者都看成是相同的,否则就会忽略某个细分市场消费者的特殊需求,因为不同消费者有不同的需求。市场细分的目标是从中选择一个或几个适合的细分市场作为企业的目标市场,然后针对这些市场提供相应的产品,因此,市场细分能够增强企业的适应能力和应变能力,其针对性有利于营销者把握市场,能够掌握消费者的需求特点,甚至把握市场的变化方向。这样有利于及时地调整营销组合,为企业获得利润提供条件。

2. 市场细分的原则

企业可以根据多个因素对市场进行细分。不同的标准划分出来的结果会有所不同,选取的细分标准越多,划分出来的子市场就越多;选取的细分标准越少,划分出来的子市场数量就越少,但是并非所有的市场细分方式都是可取的,一般而言,有效的市场细分应遵循以下基础原则。

(1) 可衡量性原则。市场细分之后,细分市场的范围明确,可以根据所选择的划分标准将消费者进行分类,而且对于细分市场的大小也有大致的了解。例如,按照年龄、性别等一些硬性指标来进行市场细分是可衡量性,但是按照消费者对产品的熟悉程度来作为市场划分的标准,在实际中是很难测量的。

(2) 可进入性原则。细分市场的可进入性是指企业利用现有的人力资源、财力资源等是可以进入这个目标市场的,并在这个市场上具有一定的竞争优势,否则就没有现实意义。

(3) 可营利性原则。企业的目标是盈利,不能盈利的市场是不值得企业重点关注的,因此,企业选定的细分市场规模要达到可以使企业获得盈利的程度。假如细分市场的规模过小,或者市场经常性发生变化,那么都不值得企业进入。

(4) 可发展性原则。目标细分市场应该具有一定的发展潜力,而不是一个处于衰退期的市场。经过企业刚开始投产的努力之后,目标市场的规模可能会扩大,绝不能贸然因为眼前的利益而进入一个细分市场,只有目标市场经营战略方案匹配,才能使企业获得长足发展。

3. 市场细分的标准

(1) 消费者市场细分标准。

造成消费者市场差异的因素都可以作为其细分市场的划分标准,因此可以作为消费者市场细分的标准很多。从总体来看,细分标准可以分为地理细分、人文细分、心理细分及行为细分四大类。

①地理细分。地理细分就是按照消费者所处地理位置的不同来进行市场的划分。它划分的具体标准可以是国家、地区、城镇或人口密度等。处于不同地理环境下的消费者对于同一类型的产品经常会有不同的偏好,因此,他们对企业采取的营销策略会有不同的反应。企业应关注不同地区的消费者的需求特征,然后确定目标市场。

②人文细分。人文细分就是按照消费者的年龄、性别、家庭生命周期、收入、职业、宗教信仰等人文变量的不同将消费者市场划分为不同的细分市场。按照年龄的不同可以将消费者市场划分为不同的年龄层,如老年人、中年人、青年人及儿童。处于不同年龄层的消费者有着不同的细分需求和不同的购买行为。男性和女性在价值观、思想、思维方式、爱好等方面存在着较大的差别,因此他们在需求和购买行为上都存在着较大的差别,特别是在服装这个行业内。收入决定支出。高收入人群和低收入人群对产品的需求会有很大差异,高收入人群对品牌、款式等方面要求较高,但是价格弹性较小,而低收入人群则是价格敏感型的。许多行业都按照消费者收入水平的差异将市场分为高端市场、中端市场及低端市场。

③心理细分。心理细分是指根据消费者的不同心理状态将市场划分为不同的细分市场,

社会层次、生活方式、个性特点则是常见的心理细分标准。社会层次是指在社会中的层次结构处于不同地位的社会群体，他们在收入、职业、教育程度不会存在较大的区别，处于同一层次的消费者会具有类似的行为，而处于不同社会层次的消费者之间存在较大区别，因此导致了他们的消费习惯和购买行为之间的巨大差异。生活方式的概念很广，衣食住行、价值观等都属于其范畴，生活方式不同的消费者有不同的购买习惯。例如，节俭型和奢华型的消费者的购买行为就会存在很大的差异。个性是指具有一定倾向性的心理特征的总和，直接影响消费者的购买行为。

④行为细分。行为细分是指营销者将消费者的购买行为作为细分市场的标准，其中的标准包括购买时间、使用频率、品牌忠诚度及购买的准备阶段等。根据购买者购买时间的先后可以将市场划分为不同的群体，如一些消费者喜欢跟潮流，因此喜欢在产品刚上市时就购买；另一些消费者则是在产品的成长阶段选择购买；有一些消费者则喜欢选择产品的成熟期时购买。根据消费者对产品的使用频率的不同可以将消费者市场划分为经常使用者、中度使用者、少量使用者。使用频率不同的消费者对于产品的要求会有所不同。另外，许多产品存在季节性的特征，如服装行业，由于不同季节会流行不同的款式、颜色，企业都会根据季节的不同而设计不同系列的服装。可以按照品牌忠诚度将产品市场划分为不同的细分市场，对于品牌忠诚度较高的消费者，其转换品牌的可能性很低；而对于品牌忠诚度较低的消费者，会经常转换使用的品牌，对品牌并没有什么忠诚度。此外，按照追求利益的不同也可以将市场划分为不同的细分市场。消费者对于这种利益的不同看法会导致不同的购买行为。

(2) 产业市场细分标准。

产业市场的购买者主要是企业，他们的购买决策过程相对比较复杂，会涉及较多的参与者，购买决策相对比较理性，但是产业市场的购买者和消费市场的购买者一样，也存在购买数量、购买时机、购买决策过程上的差异，因此，这些也可以作为划分产业细分市场的标准，同时，产业市场的需求也会受到消费者市场需求的影响，一些地理因素、购买数量等方面的因素也可以作为划分产业市场的标准。

市场细分对于企业而言，是一个很重要的环节，只有选择了正确的细分市场，才能够选择正确的市场进入战略和正确的市场定位战略，是企业经营的基础，因此，企业只有根据自身的资源能力和目标，结合市场特征，制定正确的营销组合战略。这样生产出来的产品才能受到消费者的欢迎，扩大市场份额，赚取利润。

(二) 目标市场选择

目标市场是指企业在市场细分的基础上，依据企业自身的能力与市场的特征，为这个细分市场内的消费者提供服务，以满足该细分市场上消费者的需求。企业划分细分市场的目标是为了对目标市场进行选择，并且期望可以进入一个有效的市场。这是一切营销活动的基础，因此，企业一定要根据要求和标准来选择目标市场，并决定目标市场战略。

1. 细分市场的评估

企业为了能够选择适合的细分市场，必须对所有的细分市场进行评估，然后在评估的结果上，结合企业本身的资源能力，选择一个合适的细分市场。一般而言，细分市场的评估要考虑以下 3 个方面的内容。

市场细分的吸引力评价如表 2-2 所示。

表 2-2 市场细分的吸引力评价

评价因子	得分	评价因子	得分
市场规模		与企业形象的适应性	
市场增长率		与企业目标的匹配程度	
竞争者实力		与企业资源的匹配程度	
消费者对现有产品满意度		分销渠道的可获性	
消费者的支付能力		需要的投资额	
市场的稳定性和可预测性		成本	
风险		获得持续竞争优势的可能性	
其他		营销沟通的可达性	

（1）细分市场的规模和发展潜力。

企业所选择的细分市场要有适当的规模，则需要符合企业的实际情况，否则这个细分市场对企业而言将不存在意义。大企业认为规模小的市场没有进入的必要；而小企业缺乏为大市场的消费者提供所有服务的能力，而且大市场的竞争相对激烈，小企业难以在激烈的竞争下存活下来。因此企业应当选择进入一个适合自己能力的细分市场。一般而言，大企业应选择市场规模较大的市场进入，而小企业则应选择市场规模较小的市场进入。

细分市场的发展前景也是企业选择细分市场的一个重要的指标，所有的企业都希望能够进入一个朝阳行业，而不是进入一个夕阳行业，但是拥有较好发展前景的市场常常是各企业展开激烈竞争的目标市场，这又会降低市场的吸引力。例如，目前的低碳经济具有良好的发展前景，因此许多企业都纷纷进入某个行业，导致低碳经济火热，在一定程度上会加剧市场竞争的程度。

（2）细分市场的竞争状况。

在考虑细分市场的规模和发展潜力后，企业并不能马上做出是否进入该市场的决定，因为该细分市场未必就有吸引力，还需要考虑市场的竞争状况，运用细分市场竞争的五力模型（图 2-3）可以对细分市场的吸引力进行分析。

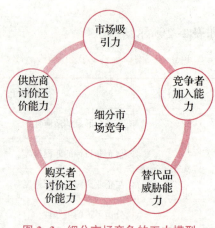

图 2-3　细分市场竞争的五力模型

(3) 企业的目标和资源。

尽管细分市场具有一定规模、良好的增长潜力及强大的吸引力，但是这些都只是外部条件，至于能不能选择这个市场作为它的目标市场，还要看企业的资源能力及企业的目标是否符合。假如发展目标和市场的目标不相符，那么企业可能就要放弃这些细分市场，不然会不利于其后续发展。假如市场的开发要求一定的资源能力作为支持，如果企业的资源能力不能符合市场的需求，那么这个市场就属于无法进入的市场，该企业就会放弃此策略。

2. 目标市场选择模式

在对不同的细分市场进行评估后，企业可以选择进入的市场有很多，可以选择的为这个市场服务的产品也有很多，因此，根据市场与产品的不同组合，目标市场选择的模式可以分为以下 5 种。

(1) 市场集中化。

企业营销者只选择一个市场作为它的目标市场，而且只打算用一种类型的产品来满足目标市场消费者的需求，进行集中营销。这是刚成立的企业经常采用的模式，因为只采用一种类型的产品，企业可以通过大规模的生产降低生产成本，而且由于面对的是一个单一的细分市场，因此企业的促销策略、广告策略都会相对简单，营销成本相对比较低，比较容易建立企业品牌。但是由于其市场结构和产品结构相对简单，假如消费者的偏好发生了变化或环境发生了深刻的变化，将会导致企业面临较大的威胁。

(2) 产品专业化。

企业用单一种类的产品来满足几个目标市场中消费者的需求。企业在某个类型产品上的专一容易使其塑造专业的品牌形象，而且在推销、广告等方面的成本也会相对较低，企业也可以利用大规模的生产获得规模经济，但是当该领域内的技术有了进步，该产品被其他产品所替代时，产品销量将会大大降低，企业将会面临极大的威胁。

(3) 市场专业化。

企业用多种类型的产品来满足某个单一市场上消费者的多种需求。例如，某汽车配件专门生产丰田汽车的某些材质的零部件（包括螺丝等）。又如，某女装设计公司专门为女士设计春、夏、秋、冬四季的各种衣服。企业容易在这个市场中建立起良好的荣誉，但是如果这个市场内的消费者的消费偏好发生了比较大的变化，那么企业将会面临较大的危机。

（4）选择专业化。

企业用不同类型的产品来满足不同目标市场上消费者的需求。这些市场之间的联系性不大，而且由于企业是针对不同的目标市场消费者的需求，用不同的产品来满足其需求，在一定程度上，这种模式能够更好地满足消费者的需求，而且市场和产品分散有利于企业的风险回避，并且每个市场可能都是企业的盈利点，但是由于不同市场需要运用不同的营销策略，因此企业的营销成本会很高。

（5）市场全面化。

企若想要进入所有的细分市场并且生产所有类型的产品，只有实力雄厚才能做到。

上述五个模式都是企业可以选择的目标市场模式，并没有存在着这一种模式比另一种模式更好的说法。企业所处的行业不同，消费者的需求也会有所不同，而且企业在资源能力方面存在差异，因此不同企业适应不同的目标市场模式。这就要求企业能够在认真衡量自身资源能力的基础上再做出选择。

3. 企业市场定位

市场经济是开放经济，竞争无处不在。任何一个企业都不可能长期独霸某一市场，若要在激烈的市场竞争中长期有一席之地，就必须在其目标市场上找准自己的企业和产品所处的位置，树立企业或产品在消费者心中的形象。市场定位是指企业为自身及进入目标市场上的产品确定所处的位置，为企业和产品创立鲜明的特色或个性，形成独特的市场形象并把这种形象传递给消费者所采取的产品策略、企业策划及营销组合的活动。

通过市场定位，企业可以解决市场营销组合各方面的问题。市场营销组合（即产品、价格、地点和促销的组合）从本质上讲是制定定位策略的具体战术。市场定位是制定各种营销战略的前提和依据，能使企业吸引细分市场内大量消费者的需求，形成独特的竞争优势，树立持久而令人信服的优质形象。

企业市场定位的流程（图2-4）一般包括以下几个步骤。

（1）调查影响定位的因素。

市场定位必须建立在市场调查的基础之上，企业必须首先了解影响市场定位的各种因素，包括竞争者在目标市场上的定位状况，竞争者的资源状况，判断其有无潜在的竞争优势；目标市场消费者对产品的评价标准，对所购买的产品有什么独特偏好和愿望，还有哪些需求未能满足；企业自身的资源、条件，与竞争者相比具有哪些优势，能够满足消费者的哪些偏好和愿望等。

(2) 选择相对竞争优势。

相对竞争优势是指企业相对于竞争对手而言的，企业通过对自身的资源、技术、成本、服务、营销等做对比分析，明确自己在哪些方面比竞争对手强，哪些方面不具有优势，产品和服务能够满足消费者哪些特色需要。确定自己的相对竞争优势后再进行恰当的市场定位并制定相应的市场营销战略。

(3) 传播、显示竞争优势。

企业在做出市场定位决策后，必须采取具体步骤建立自己的竞争优势，并进行广告宣传，把自己的定位观念准确地传播给消费者，通过一言一行表明自己选择的市场定位，让消费者了解本企业及其产品的特色，并区别于其他企业及其产品。要避免因宣传不当在消费者心中造成三种误解：一是定位过低，无法显示出自己的特色，对本企业的定位印象模糊，看不出与其他企业有什么不同；二是定位过高，与企业的实际情况不相符合，消费者对企业了解甚少，以为本企业只生产高档产品；三是定位混乱，消费者心中没有明确的认识，企业在消费者心中的形象混乱不清，对于同一产品或服务，有人认为是低档的，有人认为是高档的。上述三种误解，都会给企业形象和经营效果造成不利影响，不能把自己的独特竞争优势显现出来。

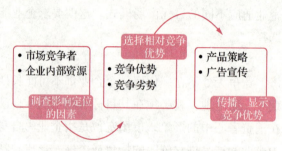

图 2-4 企业市场定位的流程

学习参考

目标市场定位策略

在一个目标市场上，各竞争者之间的目标和资源情况不尽相同，在目标市场上所处的地位和所起的作用不同，他们选择的目标市场定位策略也有所不同。下面分析四种主要的目标市场定位策略。

(一) 市场领导者的定位策略

市场领导者的定位策略是指企业在目标市场上处于公认的市场领导者地位，或者率先进入市场、占领市场。企业有关的产品在目标市场上占有最大的市场占有率，在价格变动、新产品开发、营销覆盖和促销强度等方面均处于领先地位。如果企业想要继续保持其领先位置，就要采取三方面策略：第一，企业必须引导需求，寻找新客户、新用途和扩大使用量，设法扩大整个市场需求；第二，企业必须采取有效的防守措施和攻击战术，保卫现有的市场占有率；第三，在市场规模保持不变的情况下，企业也要努力进一步扩大市场占有率。

（二）市场挑战者的定位策略

市场挑战者的定位策略是指企业明确自己定位策略目标和竞争对手（包括市场领导者、与自己实力相当或比自己弱小的企业）后，把目标市场定位在竞争对手的附近，采用迎头定位方式，选择有效的进攻策略，打败竞争对手，让本企业取而代之的市场定位策略。采用这种策略的企业必须具备的条件是：首先，目标市场要有足够的市场潜力；其次，本企业必须具有比竞争对手更雄厚的资源优势和更强的营销能力；最后，本企业能够为目标市场提供更好的商品和服务。

（三）市场追随者的定位策略

市场追随者的定位策略是指企业在目标市场上，不能与竞争对手抗衡，或者不愿与竞争对手对抗而造成两败俱伤，在市场潜力很大的情况下，与竞争者"有意平行"或模仿跟随竞争对手的策略。例如，在钢铁、肥料和化学等行业，产品差异化和形象差异化的机会不多，服务质量往往相似，价格的敏感性较高，市场占有率显示出较大的稳定性。这些行业内不赞成短期内争夺市场占有率，因为这样只会招致竞争对手的报复。市场追随者必须懂得如何保持现有的客户及如何争取一定数量的新客户。追随者是挑战者攻击的主要目标，因此，市场追随者必须保持低廉的制造成本和优秀的产品质量与服务，选择一条不会招致竞争者报复的发展道路。企业采用这种定位策略，必须具备的条件是：首先，目标市场还有很大的需求潜力；其次，目标市场未被竞争者完全垄断；最后，企业具备进入目标市场的条件和与竞争对手"平分秋色"的营销能力。

（四）市场拾遗补缺者的策略

市场拾遗补缺者的策略是指企业把自己的目标市场定位在强大的竞争对手不愿顾及或没有注意到的细分市场上的策略。为避免与强大的竞争对手发生冲突，专营大企业可能忽略或不屑一顾的业务，为市场提供有效的服务，开发一个或若干没有风险又有利可图的细分市场。成为拾遗补缺者的关键因素是专业化，企业必须在市场、客户、产品或营销组合系列方面实现专业化。采用这种定位策略，必须具备的条件是：一是选定的细分市场要有足够的购买潜力；二是企业具有进入该市场的特殊条件和技能；三是强大的竞争者对这个小细分市场没有兴趣或无力顾及；四是企业已在客户中建立起良好的信誉，能借此抵御强大竞争者的攻击。

三、创设营销组织

（一）市场营销组织的基本模式

现代营销部门虽呈现出多种组织形式，但所有的营销组织都必须适应营销活动的各个领域。

1. 职能型组织

职能型组织是最古老，也是最常见的市场营销组织形式。该组织把销售职能当成市场营销的重点，而广告、产品管理和研究职能则处于次要地位。职能型组织形式的主要优点是行政管理简单。当企业只有一种或很少几种产品，或者企业产品的市场营销方式大体相同时，按照市场营销职能设置组织结构比较有效，但是，随着企业产品种类的增多和市场的扩大，这种组织形式会失去其有效性，由于没有一个职能组织为具体的产品或市场负责，每个职能组织都力求获得与其他职能组织对等的地位，因此面临着如何进行协调的问题。

2. 产品型组织

产品型组织是指在企业内部建立产品经理组织制度，以协调职能型组织中的部门冲突。在企业所生产的各种产品差异很大，品种很多，按职能设置的市场营销组织无法处理的情况下，建立产品经理制度是适宜的。其基本做法是：一名产品市场营销经理负责，下设几个产品线经理，产品线经理之下再设几个具体产品经理去负责各具体的产品。

产品型组织形式的优点如下：

（1）统一协调各种营销职能，集中对各种产品进行管理。

（2）对市场的反应能力更大，反应速度更快。

（3）由于每种产品都有相对应的产品经理负责，因此即使是名气最小的品牌也不会被忽视。

产品型组织形式的缺点如下：

（1）各个产品经理相互独立，可能造成企业内部摩擦。

（2）产品经理未必会有足够职权，无法得到企业其他部门有效配合。

（3）企业职权划分不清，下级可能得到多方面指令。

3. 矩阵型组织

生产多种产品并向多个市场销售的企业，常常会遇到如何设置机构的难题，他们可以采用产品型组织，那就需要产品经理熟悉广为分散的各种不同的市场；也可以采用市场型组织，那就需要产品经理熟悉销往各市场的各种产品。为使这两个问题能很好地统一起来，企业必须建立一种既有产品经理，又有市场经理的两维矩阵式结构。

矩阵型组织结构的优点是：①具有较大的互动性，能克服职能部门相互脱节的现象；②专业人员和专用设备能够得到充分利用；③各种专业人员可以在完成同一任务的过程中相互学习，相互帮助，有利于人才的培养；④实现集权与分权优势的结合。

矩阵型组织结构的缺点是：①由于实行的是横向、纵向双重领导，容易造成冲突或相互推卸责任；②组织关系复杂，对项目负责人要求较高，要花大量时间举行会议，集中解决问题，造成决策迟缓。

（二）市场营销组织设计的原则

组织设计原则是进行组织设计时需综合性考虑的准则。由于成长历史、经历等不同，因此不同企业在进行组织设计时考虑的准则各有侧重点，但就一般意义来讲，进行组织设计还应遵循以下原则。

1. 整体协调性原则

协调是管理的主要职能。设置市场营销机构需要遵循整体协调和主导性原则，可以从以下几个方面加以认识。

（1）设置市场营销机构能够对企业与外部环境，尤其是市场、消费者之间关系的协调，发挥积极作用。企业的目的是寻找市场、满足需求，失去了市场、消费者，企业也就失去了存在的资格和生存的条件。满足市场的需要、创造消费者满意的产品，是企业最为基本的宗旨和责任。超越竞争者更好地完成这一任务，是组建市场营销部门的基本目的。

（2）设置的市场营销机构能够与企业内部的其他机构相互协调并能协调各个部门之间的关系。市场职能的一般任务是，负责设备、原材料的采购、供应，形成和发展生产能力，管理作业流程，控制质量水平，按照企业经营的要求完成生产任务；研究与开发职能则为企业经营提供"后劲"，进行产品、工艺和技术的开发、改造、更新和设计；财务职能解决企业经营所需的资金来源。在各个职能部门、各个业务项目、各个流程环节之间进行资金分配，对资金的使用进行监督、管理，核算成本、收益；人力资源管理通过对"人"这一资源的开发和使用，帮助实现企业目标。

（3）市场营销部门内部的人员机构及层次设置，也要相互协调，以充分发挥市场营销机构自身的整体效应。只有做到从自身内部到企业内部，再到企业外部的协调一致，市场营销机构的设置才能算是成功的。

2. 幅度与层次适当原则

管理跨度又称为管理宽度或管理幅度是指领导者能够有效地直接指挥的部门或员工的数量，这是一个横向的概念。管理层次又称管理梯度，是一个纵向的概念，是指一个组织下属不同的等级数目。一般来说，当管理职能、范围不变时，管理跨度与管理层次是互为反比关系的。管理的跨度越大，层次越少；反之，跨度越小，则管理层次越多。

应当指出的是，市场营销组织管理跨度及管理层次的设置不是一成不变的，机构本身应当具有一定的弹性。企业需要根据内部变化和外部情况，及时调整市场营销部门的组织结构，以适应发展的需要。

3. 有效性原则

效率是指一个企业在一段时间内可以完成的工作量。一个组织的效率高，说明它内部结构合理、完善，它就能够顺利地生存和发展。在企业内部，各个部门的效率表现在：能否在必要的时间中完成规定的各项任务；能否以最少的工作量换取最大的成果；能否很好地吸取过去的经验教训并且在业务上有所创新；能否维持机构内部的协调，而且及时适应外部环境、条件的变化。

要实现工作的高效率，必须具备以下一些基本条件：①市场营销部门要有与完成自身任务相一致的权利，包括人权、物权、财权和发言权、处理事务权；②市场营销组织要有畅通的内部沟通与外部信息渠道；③善于用人，各司其职。

四、营销战略管理

（一）企业入市战略与战术

入市之前需要制定相应的入市战略战术，以此促使企业顺利进入市场，降低入市风险。

1. 企业入市障碍

企业在入市之前，首先需要对自身所面临的市场进行 SWOT 分析，然后才能确定企业的入市战略。如果一个新企业想要成功入市，那么其首先就要对入市中将要遇到的障碍有一个全面的了解。这些障碍具体表现为以下几个方面。

（1）产品差异。

在信息技术共享的今天，产品差异化已越来越具有难度。当今世界，产品的差异不在于产品本身，而在于产品的文化内涵与附加服务。产品差异迫使入市者耗费巨资去建立自己的忠诚客户群，并借此对其他竞争对手入市造成障碍，对于众多准入市者的产品差异即称为障碍。

（2）资本存量。

企业入市需要大量的资金支持，除了生产设施、设备需要资金外，市场开发也需要不可忽略的资金，同时，企业的融资能力和进入资本市场获取资金的能力都受到自身原有资本存量的限制。企业拥有资本存量的多少影响着企业入市的可能与顺利程度。

（3）政府政策。

政府政策是维护社会经济及整个生态环境发展的宏观保证。既然是政策就有支持、有禁止、有限制的不同态度及相应措施。企业入市必须在认真研究政策导向的基础上做出正确决策，以微观经济的发展适应社会总体进步为原则；否则，盲目筹划入市可能恰好违背政策，政策也就成了障碍。

（4）规模经济。

任何企业入市后要想获利必须谋求规模经济，规模经济是某项产品的单位成本随着绝对产量的增长而下降所形成的经济状态。企业规模经济的取得受到两个基本条件的影响：一是自己的生产能力；二是社会需求能力。企业入市要达到理想的规模经济并非易事，涉及企业每一个职能部门（如制造、采购、研究、营销、服务、销售等），依照规模经济的配套问题，如果有一个职能部门不配套，根据木桶原理，企业的规模经济就不能实现。

（5）流通渠道。

产品的市场实现必须建立在流通渠道畅通的基础上。只有流通渠道畅通，产品价值的市场实现才顺利，该企业扩大再生产才能成为可能；否则，该企业将无法继续生存下去。另外，流通渠道也是企业能否顺利入市的关键因素，若忽视这一因素，就会造成流通阻塞，成为企业入市的障碍。

除上述障碍外，还有区域壁垒、目标市场经济发展程度、文化屏障、心理情感等方面的障碍。克服这些障碍是企业入市战略要解决的诸多问题中的一部分。

从营销策划的角度来看，战术就是用以显示企业在各种营销活动中的优势和达到目的的方法和行动举措，具有时效性、局部性、具体性和奇异性等特点。战术不能与战略分离，每个计划入市的企业都必须寻找并选择符合战略的战术。

2. 企业入市战略类型

入市战略类型选择的成功与否是企业能否实现成功入市的关键。企业入市战略一般包括

6 种，如表 2-3 所示。

表 2-3 企业入市战略

企业入市战略名称	战略重点
密集性入市战略	集中力量为可能的几个细分市场服务，而不是追求在所有市场上的份额
市场渗透战略	采取渐进或缓慢地浸润式进入，稳扎稳打逐步扩大市场份额
强势开发战略	凭借自身的资金实力，聚集各方力量，对某一目标市场进行猛烈开发
借船出海战略	借助相关企业的渠道或进入市场空缺，然后逐步扩大市场份额
差别化战略	致力于创造与同类产品有显著差别的特色产品和别具一格的营销方案，以期有可能成为本行业的顶级领袖
总成本领先战略	企业在进行充分市场调查的基础上，进行周密筹划，以获取规模经济的态势大规模扫荡市场，以低成本、低价位战胜竞争对手赢得市场份额

企业入市战略一般只适用于企业进入市场及其发育成长初期一段时期，但也不排斥企业在今后发展成长的较长时期仍然运用企业入市的战略。这要视企业当时的情况而定，但是，企业入市战略的运用又不是一成不变的，随着时间的推移和企业的变化，因此企业在入市后的成长发展期会变换新的战略，战略的运用存在着一个选择问题，不同时期、不同情况下企业可以选取相应适合的战略。

3. 企业入市策划流程

企业入市策划的流程如图 2-5 所示。

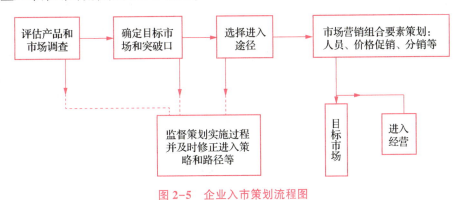

图 2-5 企业入市策划流程图

4. 企业入市战术

企业在确定入市战略之后，还要制定恰当的战术，以此增加入市成功的可能性。企业经常使用的战术主要包括以下几个方面：

（1）游击战术。

游击战术是指"打一枪换一个地方"的灵活机动的战术，将对手放在明处，便于对其进行攻击，而将自身放于暗处，便于对自身进行保护。企业采用该战术的主要目的是逐步削弱和瓦解对方的实力，减少双方的力量差距。

游击战术又可以分为市场中心和非市场中心两种形式。市场中心的游击战术是指在几个子市场中同时向对手发起进攻，对其进行袭击，然后再提高自身的市场占有率的一种战术。非市场中心的游击战术是指从非市场因素出发，对对手展开袭击的一种战术。例如，对竞争对手企业中的优秀管理者和技术人才进行拉拢，收集甚至是占有对手绝密的资料和信息，获取对手的流通渠道等方式。

（2）对抗战术。

对抗战术是指与原有市场中存在的力量展开直接的对抗。直接对抗中又可以分为价格对抗、正面对抗、开发对抗、特定对抗等不同形式。价格对抗是指企业在入市之初就着重实现规模效益，从而降低自身的入市成本，并以低价与其他实力相当的对手展开竞争，能够迅速占领市场。正面对抗是指企业在入市的过程中，通过价格对价格、产品对产品、宣传对宣传的方式与对手展开竞争。需要注意的是，如果企业在各方面不是以压倒性的优势与对手展开竞争时，那么在选择该战术时应当慎重。开发对抗是指企业在入市中，不断开发新的工艺，从而不断提高产品的性能或降低产品成本，以此生产出更具优势的产品，便于在与对手的竞争中取得胜利。特定对抗是指对正面对抗的修正。这种战术是将进攻的重点集中在特定的消费群体上，尽全力将这部分消费者从对手那里吸引过来，逐步提高自身的市场占有率。

（3）围歼战术。

围歼战术是指对竞争对手不仅在价格上进行控制，而且在产品的种类、款式、型号、规格、花色等方面也不断推出新产品，将对手陷于重重包围之中的一种战术。

企业在入市的过程中，除对竞争对手采取产品包围战术外，还可以对其采用市场包围战术，也就是在与竞争对手相毗邻的市场周围设置多个网点，扩大自身的销售，将竞争对手推到被迫防守的位置。

企业若要凭借围歼战术获得入市的成功，就必须要提前确定企业长期的战略目标，树立起长期作战的营销理念。只有通过长期的支持，围歼战术才可以继续坚持下去，从而最终实现企业的战略目标。

（4）紧逼战术。

紧逼战术是指企业在入市的过程中对竞争对手步步紧逼，毫不放松，逐步将竞争对手的有生力量和市场底盘消耗掉，再用压倒性的实力彻底战胜竞争对手的战术。

（5）迂回战术。

迂回战术是指企业应制定长远的战略目标，不应只将部分市场或是某一阶段的胜利作为战略目标。在特定的情况下，企业可以稍退一步，从侧面与对手展开竞争的战术。

与其他的战术相比较，迂回战术的竞争范围要更为宽广一些，并且形式也更为多样化。

(二) 企业扩张战略

企业在进入市场并逐渐稳定后，通常会逐步进行扩张，以便不断提高自身的市场占有率并扩大效益。在这期间，企业需要制定正确的扩张战略策划。

1. 集中化战略

集中化战略是指企业明确可以代表自身优势的某一技术、市场或是产品，然后集中自己全面的资源支持其全面发展。企业的专业化成长不仅是企业生产逐渐分离而形成许多独立企业的过程,而且也是同类产品由分散生产趋向集中生产的过程。

(1) 集中化战略事实的前提条件。

集中专业化经营与协作是现代企业先进的组织形式,但其实施需要一定的前提条件,如表2-4所示。

表2-4 实施集中化战略的前提条件

前提条件	原因
市场需求规模大	市场需求是制约专业化协作发展的根本因素
企业适合于按标准化要求生产	企业的标准化水平是制约企业标准化协作发展的重要条件。标准化不仅可以加速新产品设计、发展品种、提高产品质量、方便使用和维修、减少备件储备,而且可以合理简化品种、扩大零部件的通用范围、增加生产批量、提高专业化程度
生产技术特点适合于专业化经营	生产技术特点包括产品的生产技术特点、劳动手段的生产技术特点、工艺的生产技术特点和劳动对象的生产技术特点等诸多方面。行业不同,不同企业生产技术特点也就不同

(2) 企业实施集中化战略的优势和劣势。

在入市的过程中选择集中化战略,必然会为企业带来很多的益处,但不可避免的是:这种入市战略的使用也存在一些劣势。

①企业实施集中化战略的优势如下。

实施集中化战略后,活动范围就会变小。这样就迫使企业必须要提高企业管理方式的科学化,在提高产品质量的过程中不断降低生产成本,增强企业的市场竞争力。

实施集中化战略可以对企业中的优势资源进行集中,优化生产技术,增强消费者对企业的好感。

实施集中化战略风险较小,对追加资源的要求最低,最能发挥企业的已有能力。

实施集中化战略可以帮助企业明确自身的经营方向和经营目标,有助于聚集起企业所有的力量全力实现战略目标。

②企业实施集中化战略的劣势如下。

实施集中化战略,会降低企业的应变能力,由于企业经营具有单一化,因此一旦市场或是消费者的需求出现较大的波动,企业无法及时转变应对战略。

实施集中化战略会缩小企业的竞争范围,如果所处的产品领域出现较大变化,那么该企业实施集中化战略就会遭受重大的损失。

2. 多元化经营战略

多元化经营战略是指一个企业同时经营两个以上行业的产品的市场经营战略,或者表述为同时生产和提供两种以上基本经济用途不同的产品、劳务的一种经营战略。企业在选用多元化经营战略之后,并不是仅限于产品品种的增加,而是可以参与到多种不同商品和劳务的生产和销售活动之中,不断扩大企业的生产和市场范围。

采用多元化经营最主要的优势是可以分散企业的经营风险,这是因为采用盖中盖战略可以使企业避免出现产品高度相关组合的情况。如果企业的营销策划中出现了高度一致的产品组合情况，就会发生以下几方面问题。

（1）企业的产品都会处于产品生命周期的同一个阶段。

（2）企业的产品会由于高度的一致性而成为面临滞销的情况，因此无法如期完成销售。

（3）企业在进行产品生产中会出现对某种资源的较强依赖性，导致资源供应不足而产量下降。

企业采用多元化经营后，就可以合理规避上述风险，把风险进行分散，主要分为4种类型。

（1）不相关多角化。它是指企业的主营业务收入低于全部收入的70%，并且企业的其他业务与主营业务之间不具有相关性。该类企业称为混合企业。

（2）相关—关联型多角化。企业的主营业务收入占总收入的比例低于70%，但是与其他相关业务（并不与主营业务直接相关）总共所占的比例超过70%。

（3）相关—延长限制型多角化。主营业务收入不超过70%，但与其他直接与主营业务相关的业务一起占的比例超过70%。

（4）优势—垂直型多角化。垂直整合的业务收入占总收入的70%以上。

相应地，根据上述几种多角化的分类，可以将企业分为同心多角化企业、水平多角化企业、混合型多角化企业3种不同的多角化企业类型。

企业多元化经营战略的实施是伴随着企业的成长、集团化发展而出现的行为举措。这是因为企业所实行的多元化经营战略，以及对自身内部的资源和结构进行更加优化、合理的调整，并将内部的各项功能进行高度的分化和专业化。由于企业是一个系统的整体，因此就需要对这些子系统进行有效衔接，从而确保企业能够高效运转。

（三）企业退出战略

企业在市场激烈的竞争中，不能一味地讲求扩展，适当的时候还要明智退出，只有做到能屈能伸，进退结合，才能获得市场竞争中长久的胜利。

1. 市场退出及其分类

市场退出是指企业由于某些原因而从原有的产业领域退出的战略过程。从本质上来说，市场退出是企业进入市场受到阻碍或是入市本身就是错位的一种必然结果。

市场退出的方式主要有两种：一种是被动退出；另一种是主动退出。

（1）被动退出。

被动退出是指企业由于市场机制和经济自身的组织作用而发生的退出市场行为。当前，由于市场整体环境不断发生改变，因此导致一些企业无法适应而开始对自身的生产能力和市场份额进行收缩，以便不断适应市场的变化。

(2) 主动退出。

主动退出是指企业由于自身或是政府为了优化产业结构或产品结构，根据市场演变的趋势，主动将一些正处于需求萎缩或处于下降过程中的产品"赶出"原有领域或区域，以便集中精力开拓某一新的市场，或者让新产品"顶替"进入，进而有利于该种产品市场成长和扩张的一种经济活动。

通常，市场的主动退出实际上是一种迫不得已的行为，是一种自然老化的过程。在该过程中，企业由于没有进行主动的保护或是采取一定的防护措施，因此迫于无奈才选择了主动退出。从这个意义上来说，主动退出通常会伴随经济的衰退和资源的浪费。

2. 市场退出的代价

企业退出市场的决策不能是主观臆想，一定要有一定的事实作为依据。当前，很多成功的企业已经制定出了一套评价目标市场的方法来对退出市场的决策进行评价。这是企业走向成熟的一个重要标志，说明其内部已经形成了以一种良好的产品更替制度，使企业可以长久保持活力。

当前，企业决定是否要退出市场，主要依据的是成本法。成本法的具体操作方式是：对企业退出市场可能会产生的损失和影响进行全面的衡量，同时，还要与获得市场的收益相比较，如果成本大于收益，那么就应果断退出市场。

需要注意的是，企业的退出战略还需要一定的代价，其退出市场的那部分产品或业务，必定会丧失一定的利润和市场份额，对企业的品牌形象会造成一定的影响，主要表现在以下几个方面：

(1) 增加企业重新开发产品和开拓市场的成本。

虽然退出市场的策略会损失一部分利润，但企业通常不会就此倒闭或歇业，而是利用退出的资源去开拓新的市场，研发新的产品。这样，企业的生命才会延续。在这期间，虽然会耗费一定的成本，但这是维持自身运营所必不可少的支出，是企业都不能回避的问题。

(2) 损害企业的品牌和形象。

企业退出市场的行为通常都会给人一种不好的感觉，如企业产品质量存在问题，产品工艺不能满足消费者的需求等。消费者的这种感觉会严重损害企业在其心中的形象，对企业的声誉较为不利。

(3) 企业已有设备或技术过时。

企业退出市场之后，一部分设备或技术可能会过时，因此就会造成这部分设备和技术的闲置，所以就需要对其进行低价出售或拍卖，从而给企业带来一定的损失。

(4) 降低企业产品销量。

企业做出退出市场的决定，就必定会损失掉这部分市场的销售额，进而降低利润。这是企业退出市场所必须要面临的问题，因此，企业应当将这部分损失与企业的收益相比较，以此作为企业是否退出市场的重要依据。

(5) 企业员工安置费用增加。

退出市场后，由于一部分产品停产，导致员工停工，因此企业需要对这部分员工进行解雇。相应地，企业员工的安置费用就会增加，这是企业退出市场所需成本的一项重要组成部分。

（6）企业员工培训费用增加。

企业退出市场后，在推行新产品的过程中，由于生产工艺和技术等方面都发生了改变，因此就需要对生产者和管理者进行新业务的培训，以便使他们能够更快地熟悉业务，为企业创造新的价值。在此过程中，培训费用的增加就成为企业面临的一个重要问题。

（7）新人员的招聘费用增加。

退出市场后，企业一般会开始推出一部分新的业务。为保证业务的顺利开展，企业就需要聘请一部分专业的技术人员和管理人员，从而导致企业新人员招聘费用的增加。

3. 市场退出策略

企业到达衰退期的主要特点是：产品销售量急剧下降；企业从这种产品中获得的利润很低甚至为零；大量的竞争者退出市场；消费者的消费习惯已发生改变，等等。面对处于衰退期的产品，企业需要进行认真的研究分析，决定采取什么策略以及在什么时间退出市场。企业可以选择的退出策略主要包括以下几个方面。

（1）收缩策略。

收缩策略是指抛弃无希望的客户群体，大幅度降低促销水平，尽量减少促销费用，以增加目前的利润。这样虽然有加速产品衰退的风险，但是企业也可能从这种产品中获得更高的利润。

（2）继续策略。

继续策略是指企业继续沿用过去的策略，按照原来的细分市场，使用相同的分销渠道、定价及促销方式，直到这种产品完全退出市场为止。

（3）集中策略

集中策略是指将企业资源和能力都集中起来，然后放到最有利的细分市场和销售渠道上，以此获得更高的利润，减缓产品退出市场的速度。

（4）放弃策略。

放弃策略是指企业对于快速衰退的产品，应当机立断，放弃对其进行经营。企业可以采取逐步放弃的方式，使其所占用的资源逐步转向其他的产品，也可以采取完全放弃的方式，如把产品完全转移出去或立即停止生产。

知识回顾

本章主要带领读者领略了市场营销顶层设计的风采。有效的市场信息、关键的目标市场选择、得力的市场营销组织、有效的市场营销战略都是一个市场营销组织在开始营销之前所必须要做的功课。其中，调查营销环境是获得市场信息的第一步，之后，还要有连续的市场信息反馈；选择目标市场要准确，要能够让产品直指客户的内心；营销组织创设要有效，内部不能先"打起来"；营销战略管理活动要战略与战术相结合，协同采取措施。

拓展阅读

移动互联网——伦敦奥运会的营销平台

2016年8月6日,第三十届奥运会在巴西里约热内卢开幕,全世界都将目光聚焦在奥运会上。这是一场体育竞技运动会,也是一场企业营销运动会,全世界大小品牌都在借力奥运会营销。餐饮企业也纷纷借助奥运经济,策划各项营销策略,挖掘奥运商机。移动互联网平台成为伦敦奥运会的最大亮点。

各大门户网站纷纷发布2016年巴西奥运报道战略,无一例外都将移动互联网作为重点传播平台,于是,各种奥运App火热来袭。较受欢迎的奥运App主要分为以下4类。①官方应用:提供赛事信息、场馆信息、官方游戏等。②奥运资讯:各媒体尤其四大门户网站推出的资讯类App提供最新的赛事信息。③视频直播:搜狐、优酷、PPTV等提供的视频类App可随时随地观看比赛。④伦敦攻略:包括伦敦旅游指南、地图、向导等实用型App。

由此可知,移动营销已走向成熟,其与伦敦奥运会无缝连接为企业营销提供了新的机会。

首先,时差的关系导致不少网民选择通过手机了解赛事,而且手机网民与体育营销要核心说服的群体——喜爱体育运动的学生、白领、商务人士高度重合。这些都会促进用户对移动互联网在奥运赛事报道中的依赖性。

其次,手机的移动、互动与奥运的"运动"状态可实现便捷交互。参与赛事、表达赛事是消费者关注体育营销的两大核心要素。而手机具有的体积小、随身携带、及时互动特色,使手机成为人们观看比赛时最为适合的互动媒体。各种App也为人们参与奥运提供了便捷入口。

最后,手机作为信息交互与互动娱乐平台,与社交媒体的打通,可带来营销效果的裂变式提升,而且App营销具备个性化的显著特征,可以用创意激发感动,将品牌信息变成具有特色吸引力的软性推广,同时,开发者可以借助CNZZ"移动统计"的用户分析功能实时掌握用户的黏性、使用情况、回访情况、地域来源等,还可随时调整和优化App各项指标,使App的营销更为成功。

第三章

管理竞争策略

只要参与到市场经济中,就要面临市场竞争活动,对于营销活动来说更是如此。商场如战场,欲要胜出,必须要做到知己知彼。参与市场竞争之前,企业首先要分析竞争对手,做到知彼;然后明确自己的市场定位,做到知己;最后根据前两个方面确定的结果,选择适合自己的策略。

知识目标

1. 理解市场竞争的作用、内容与类型。
2. 掌握市场竞争对手分析的内容和方法。
3. 掌握市场营销定位的内容与策略。
4. 理解市场竞争中4种不同的企业类型。

技能目标

1. 理解市场竞争的作用是鞭策企业进步。
2. 能够对竞争对手进行初步确定和分析。
3. 对企业的市场定位进行初步分析。
4. 明确自己的市场定位,选择合适的策略。

第三章 管理竞争策略

知识导图

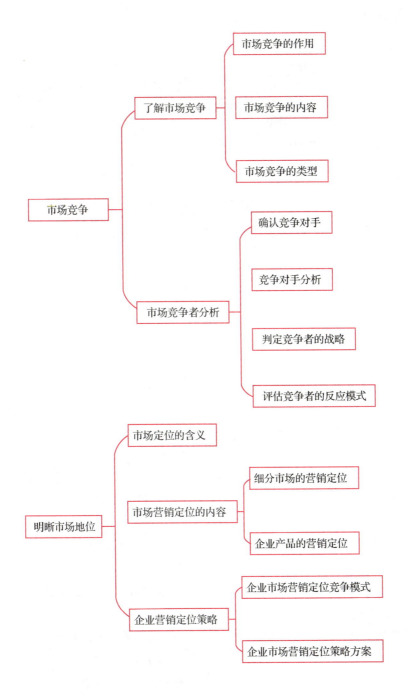

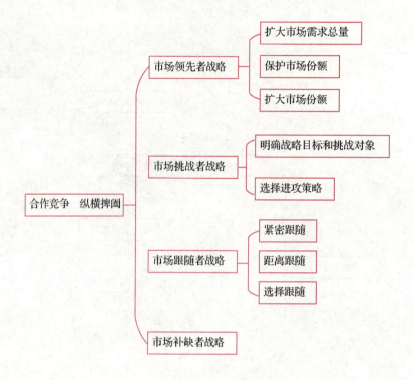

案例导入

2013年，中国电商行业又经历了一场集体"价格战"狂欢。2013年6月18日，京东商城店庆大促销过得不太平。就在促销日当天，凡客诚品、亚马逊、国美、易迅网、1号店、当当网等多家竞争对手纷纷送来"黑色大礼"，共同释放各种促销活动分流消费者。

从天猫领衔的"双十一"价格火拼，到"618电商大战"，各电商平台使出了浑身解数博得眼球、标榜自己的"低价"，促销销售已经从3C产品发展到全品类。万亿规模下的电商价格战疲态初显。这种情况不仅透支了电商品牌，还让供应商师劳兵疲，叫苦不断；消费者审美疲劳，应接不暇。

搜狗购物数据显示，电商价格战期间全网促销商品真实降价商品属于主流，不过也存在部分促销商品先提价后降价的情况。其中，该情况在手机、厨房电器、美妆个人护理等热门品类商品中表现明显，而亚马逊、1号店和京东商城等电商先提价商品占比位列前三名。

当"价格战"成为每年电商的"规定动作"而越发频繁时，有不少评论认为，目前消费者已经对此产生了审美疲劳。不过，就目前情况来看，在接下来的很长一段时间内，"价格战"仍然难以避免。京东商城相关负责人在接受采访时也表示，低廉的价格是重要的用户体验，京东商城未来并不会放弃"价格战"的促销模式。

第三章 管理竞争策略

根据数据显示，前些年，中国网上零售市场规模超过 13 000 亿元，占全国消费品总额的 6.28%，而在当时的美国，这个数字为 15%。中国的网上零售市场还有极大的潜力有待发掘。

根据调研机构预测，在未来几年内，B2C（Business to Consumer，商对客）电子商务规模增长的绝大部分由亚太地区贡献。2013 年，亚太地区的 B2C 电子商务销售额预计将增长 23%。其中，中国和印度尼西亚的成长速度引领风骚，增长率分别为 65% 和 71%。

一、市场竞争

市场竞争是市场经济的基本特征。广义地说，竞争，即为获得对稀缺资源的占用和为生存与发展争取最大可能性的行为，存在于人类现实生活的各个方面，也同样存在于人类历史的长河之中。竞争的产生和发展有其经济根源，它与商品经济的出现紧密联系，并且推动了商品经济的发展。在市场经济条件下，竞争有了更为确切的含义，更主要表现为企业对市场的争夺。

（一）了解市场竞争

1. 市场竞争的作用

市场竞争是推动社会发展的重要力量。竞争迫使企业重视科学技术研究，不断改进生产技术，更新设备，降低生产成本和营销费用，获取最佳效益，从而推动整个社会的不断进步。

（1）市场竞争是促进社会生产力发展的动力。在市场经济条件下，市场竞争机制对企业所形成的优胜劣汰的自然选择，给其以极大压力，犹如一根无形的鞭子，鞭策企业以市场为导向，以社会需求为生产经营活动的出发点，不断开发新产品，采用新技术、新工艺，降低成本，提高质量，改进经营管理，展开品种、质量、价格和服务等方面的公平竞争。

（2）市场竞争是促进生产要素流动和资源合理配置的有效杠杆。由于不同利益主体间的激烈竞争，因此资本、劳动力等生产要素不断调整着它们的流动方向和排列组合。生产要素向利润率高的部门转移，会引发竞争，从而在新的基础上创造更高的社会劳动生产率，有限的社会资源也因竞争而流向最有效、最合理的部门，使其发挥最大效益。

（3）市场竞争是使消费者获得质优价廉商品或服务的重要手段。只有被消费者接受的商品或服务，其价值才能得以实现。在竞争性的市场环境中，竞争的强制力量将使企业以消费者为中心，以市场为导向，把自己的生产经营与市场需要较好地结合起来，最大限度地满足消费者的要求。

2. 市场竞争的内容

市场竞争的内容与商品交换的深度和广度有着密切的联系。它主要包括 4 个方面：生产竞争、销售竞争、服务竞争和品牌竞争。

（1）生产竞争。生产竞争是竞争的主要内容。作为一个企业，必须具有自己的产品。

产品承载着企业之间的竞争,企业生产的产品之间的竞争,就是企业之间的竞争。生产竞争包括功能竞争、质量竞争和价格竞争等。功能竞争是产品具备的使用功能方面的竞争。生产竞争首先是使用功能的竞争。质量竞争包括内在质量(如可靠性、耐用性、先进性等的竞争)和外在质量(如产品的表面形状、色彩、包装等的竞争)。价格竞争是指同一产品在同一市场上价格高低的竞争。产品物美价廉,则最受人们欢迎;定价合理,货真价实,才有竞争能力。

(2)销售竞争。企业愿意生产产品,是因为产品能为企业带来利润,而企业要想通过产品获得利润,不仅要把产品生产出来,还要把产品销售出去。在不同的市场供求状态下,销售竞争的表现方式不同。产品供不应求时,销售竞争主要是生产规模的竞争;产品供大于求时,销售竞争主要是价格性能比的竞争;产品供求平衡时,销售竞争主要是指广告宣传竞争,即通过各种广告形式或新闻媒体介绍产品生产经营者及其所生产、经营的各类产品而进行的竞争。

(3)服务竞争。服务竞争是指在产品售前、售中和售后开展对购买者服务的竞争。帮助购买者了解产品性能、用途、价格及市场动态等项目为售前服务;对购买者送货上门、包用包换、维修上门、指导使用方法等项目为售后服务。同一产品的规格、质量和价格都相同,但由于系列服务的水平有高有低,必然会出现经营成效的差别,因此,产品的生产经营者竞相在系列服务中取得有利的地位。

(4)品牌竞争。品牌是一个产品的代表,生产竞争也表现为品牌竞争。

3. 市场竞争的类型

市场竞争是十分复杂的,根据不同的标准可对市场竞争进行不同的区分。

(1)从竞争的市场条件上区分,市场竞争可分为完全竞争和不完全竞争。完全竞争又称为等条件自由竞争,是指没有任何阻碍和干扰,也没有任何外力控制的自由竞争。不完全竞争是有垄断因素的竞争是指每个企业都能在一定程度上垄断自己的产品。不同企业生产的同种产品不仅具有差异性,而且在销售、生产条件等方面存在着差异,因此在消费者眼中,任何企业的产品都不是其他企业产品能完全替代的。不完全竞争是一种现实的竞争,广泛存在于各种社会之中。

(2)从生产的行业上区分,市场竞争可分为同行业之间的竞争和不同行业之间的竞争。同行业之间的竞争即生产同种产品的不同企业之间的竞争。同行业竞争是直接的竞争对手之间的争取客户的优胜劣汰的搏斗,是最直接、最明显、最激烈的企业竞争。不同行业的竞争就是生产不同品种产品的不同企业之间的竞争。这种竞争主要是围绕资金利润率的大小展开的。

(3)从供求关系上区分,市场竞争可分为卖方之间的竞争、买方之间的竞争和买卖双方之间的竞争。卖方之间的竞争是指同类商品的生产者和经营者之间为争夺有利的销售市场和购买者而展开的竞争。买方之间的竞争是指同类商品的需求者之间为争夺有利于自己的购买市场和商品出卖者而展开的竞争。

(4)从生产要素上区分,可分为科技竞争、人才竞争、信息竞争、管理竞争等。

（5）从竞争的基本方式上区分，市场竞争可分为价格竞争、质量竞争、品种竞争、服务竞争。

（6）从竞争的正误上区分，市场竞争可分为正当竞争和不正当竞争。正当竞争是符合商业道德，受到法律鼓励和支持的竞争。不正当竞争是寻求超越道德和法律义务，以获得更多经济利益的竞争。

（7）从竞争的效果上区分，市场竞争可分为正效竞争和负效竞争。

另外，经常大量出现的竞争还有资金竞争、规模竞争、关系竞争等。每种基本的竞争形式再细分还可派生出许多竞争形式，如卖方之间竞争还包括批发商、零售商、代理商、代销商、经纪人等围绕商业利润分配而展开的竞争。总之，市场竞争是复杂多样的，从不同角度可区分出不同的竞争者。

（二）市场竞争者分析

对竞争者的分析是市场竞争的重要分析技巧之一。进行竞争对手的分析对企业制定竞争战略决策的重要性是显而易见的：只有存在竞争对手，才产生了竞争。竞争者分析的第二个步骤是从竞争对手的行为中发现信号。竞争对手的行为以多种多样的方式提供信号，既可能是竞争者动机、意图和目标的真实指示，也可能是虚张声势，辨别真实和虚假两种信号需要敏锐的判断。

1. 确认竞争对手

企业对竞争对手的分析应尽可能地包括所有的竞争对手，同时，对可能出现的潜在竞争对手加以分析也是很重要的。潜在的竞争对手一般包括：不在本产业内但能够很容易克服进入壁垒的企业；进入本产业可产生明显协同效应的企业；其战略的延伸必将导致加入本产业竞争的企业；可能前向整合或后向整合的客户或供应商。

另外，企业还应预测可能发生的兼并或收购。无论是产业内现有竞争者，还是产业外公司都可能发生兼并或收购，使弱小的竞争对手一举成名，或者使某个已经不好对付的竞争对手实力增强，预测正在兼并的公司的逻辑与预测潜在入侵者相同。

2. 竞争对手分析

竞争对手分析的有基本要素有未来目标、对手假设、现行战略和竞争能力4个，如图3-1所示。

图3-1 竞争对手分析的基本要素

（1）未来目标。

考察竞争对手的目标（及他们如何针对这些目标评价自己），是竞争对手分析的第一要素。其重要性表现在以下几个方面。

首先，对竞争对手目标的了解可以预测每位竞争对手对其目前的地位和财务状况是否满意，并由此推断该竞争对手改变战略的可靠性，以及对于外部事件（如经济周期）或其他公司的行动所做出的反应的力量有多大。

其次，对竞争对手的了解也有助于推断其对战略变化的反应。已知某个竞争对手的目标及其可能面临的来自母公司的各种压力,则某些战略变化对该竞争对手的威胁要比其他对手大得多。这种威胁的程度将影响报复的可能性。

最后,对竞争对手目标的了解有助于竞争对手采取主动行动的严重性。竞争对手为达到自己的一个中心目标或针对某个关键目标寻求恢复经营活动的战略行动绝不是偶然事件,同时,对目标的判断也有助于确定母公司是否会全力支持其某个经营单位所采取的行动,或者确定其是否将为该经营单位的报复行动做后盾。

(2) 对手假设。

竞争对手分析中的第二个至关重要的组成部分是识别每个竞争对手的假设。这些假设分为两种:一是竞争对手对自己的假设;二是竞争对手对产业及产业中其他公司的假设。

产业中的每个公司都是在对自己所处的情况进行一系列假设的基础上开展生产经营活动。例如,它可能把自己视为社会上知名的公司、产业领先者、低成本生存者、拥有最佳销售能力的竞争者等。这类假设将指导该公司的行为方式及其对事物的反应方式。

识别竞争者的假设可通过对一些问题的分析来实现,如根据竞争者的公开陈述、管理部门和销售人员的主张及其他迹象,在成本、产品质量、技术的尖端性及其业务的其他关键方面,该竞争者看来对其有关的地位是怎么认为的?其如何看待自己的强弱点?等等。对各种类型假设的分析和检验能发现管理人员认识其环境的方法中所存在的偏见及盲点。竞争对手的盲点,可能是根本看不到事件(如战略行动)的重要性,没有正确认识它们,或者可能只是很慢才觉察到。根据这些盲点,可帮助公司辨识立即遭报复的可能性,并有针对性地采取行动以使竞争对手的报复失灵。

(3) 现行战略。

对竞争对手分析的第三个要素是列出每个竞争对手的现行战略。最有效的做法是把某个竞争对手的战略看作该营业单位的各个职能领域内主要的经营策略,及其如何寻求把这些职能互相联系起来的途径。这种战略也许是明确的,也许是含蓄的——永远以两者之一存在。

(4) 竞争能力。

对竞争对手能力的现实评价是竞争对手分析的最后一个考察要素。竞争者的目标、假设和现行战略将会影响某个竞争对手做出反应的可能性、时间选择、性质和强度。而其强项将决定它发起或反击战略行动的能力,以及处理所处环境或产业中事件的能力。

竞争者的能力包括以下几个方面。

①核心能力:如竞争对手在各职能领域中能力如何?最强之处是什么?最弱之处是什么?等等。

②增长能力:如竞争对手如果有所增长,其能力是增大还是减少?在哪些领域?等等。

③快速反应能力:即竞争对手迅速对其他公司的行动做出反应的能力如何,或者立即反击进攻的能力如何?这将由下述因素决定:自由现金储备、留存借贷能力、厂房设备的余力(过剩的工厂生产能力)、定型的但尚未推出的新产品。

④适应变化能力:如竞争对手适应各职能领域条件变化和对之做出反应的能力如何?

⑤持久力:即竞争对手支撑可能对收入或现金流量造成压力的持久战的能力。这将由以

下因素决定：现金储备、管理人员的协调统一、财务目标上的长远眼光、较少受股票市场的压力。

3. 判定竞争者的战略

企业通常需要对竞争者所属的战略群体（Strategy Group）做出判断。最直接的竞争者是那些处于同一行业、同一战略群体的公司。战略的差别表现在目标市场、产品档次、性能、技术水平、价格、销售范围等方面。

公司间的战略越相似，它们之间的竞争就会越激烈。在多数行业中，竞争对手可分为几个追求不同战略的群体。战略群体是指在一个行业中采取相同或类似战略的群体且在一个特定的目标市场上的一群公司。

战略群体是指在某特定行业内推行相同战略的一群公司。区分战略群体有助于认识以下3个问题。

（1）同一战略群体内的竞争最为激烈。

（2）不同战略群体之间存在现实或潜在的竞争。

（3）不同战略群体的进入与流动障碍不同。

战略群体内的竞争必然最为激烈，但各个群体间的竞争有时也相当激烈。首先，某些战略群体可能争夺重叠顾客的细分市场。例如，不论其战略是什么，所有主要家用电器的制造商都会选择新建住房和房地产开发商细分市场。其次，消费者可能看不出各个群体所提供产品之间的差别。最后，一个战略群体成员可能会采取扩展新的细分市场的战略，那么又如何确定竞争对手的战略呢？

4. 评估竞争者的反应模式

仅仅知道竞争对手的经营目标和优、劣势是远远不够的，关键是要通过各种渠道来获知对手可能采取的行为，如削价、加强促销或推出新产品等公司举动的反应。

每个竞争者对事情的反应各不相同，具体可分为4种反应模式，即从容型、凶狠型、随机型，如图3-2所示。

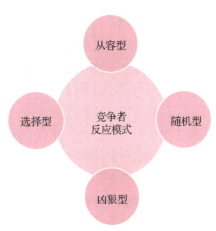

图3-2 竞争者的反应模式

（1）从容型：某些竞争者对某一特定竞争者的行动没有迅速反应或反应不强烈，而只是坐观其变。这可能是因为竞争者受到自身在资金、规模、技术等方面的能力的限制，无法做出适当的反应；也可能是因为竞争者对自己的竞争力过于自信，认为某顾客忠诚于他们，而不屑于采取反应行为；还可能是因为竞争者对市场竞争措施重视不够，未能及时捕捉到市场竞争变化的信息，从而认为还未到"出击"的时机。

（2）选择型：竞争者可能只对某些类型的攻击做出反应，而对其他类型的攻击视而不见。例如，大多数竞争企业对降价这样的价格竞争措施总是反应敏锐，倾向于做出强烈的反应,力求在第一时间采取报复措施进行反击,而对改善服务、增加广告、改进产品、强化促销等非价格竞争措施则不大在意,认为不构成对自己的直接威胁。

(3)凶狠型:许多竞争企业对市场竞争因素的变化十分敏感,一旦受到来自竞争的挑战就会迅速地做出强烈的市场反应,进行激烈的报复和反击,势必将挑战自己的竞争者置于死地而后快。

(4)随机型:这类竞争者并不表露自己将要采取的行动。这一类型的竞争者在任何特定情况下可能做出也可能不做出反击,而且根本无法预测他会采取的行动。

二、明晰市场地位

明晰市场地位也就是要做好市场定位。公司需要在细分市场中分析自己所处的竞争环境,制定产品定位策略。在营销过程中,公司需要向消费者说明本公司与现有的竞争者和潜在的竞争者有什么区别。定位是勾画公司形象和所提供价值的行为,以此使该细分市场的消费者理解和正确认识本公司有别于其竞争者的象征。

(一)市场定位的含义

所谓市场定位(Marketing Positioning),就是根据竞争者现有产品在市场上所处的地位和消费者对产品某些属性的重视程度,塑造出本企业产品与众不同的、鲜明的个性或形象,并传递给目标消费者,使该产品在细分市场上占有强有力的竞争位置。营销定位过程实际上是"三位一体":找位,即满足谁的需要,即选择目标市场的过程;定位,即满足谁的什么需要,即产品定位的过程;即到位,如何满足需要,即进行营销定位的过程。

企业营销定位就是针对竞争对手现有产品市场所处位置,根据消费者对产品某一特征的敏感度与重视程度,为产品设计和塑造一个特定的形象或个性并通过一系列的营销策略把形象和个性生动鲜明地树立在消费者心中,在市场上确立适当的位置。

产品定位过程是细分目标市场并进行子市场选择的过程。这里的细分目标市场与选择目标市场之前的细分市场不同,后者是细分整体市场,选择目标市场的过程;而前者是对选择后的目标市场进行细分,再选择一个或几个目标子市场的过程。对目标市场的再细分,不是根据产品的类别进行的,也不是根据消费者的表面特性来进行的,而是根据消费者的价值来细分的。顾客在购买产品时,总是为了获取某种产品的价值。产品价值组合是由产品功能组合实现的,不同的消费者对产品有着不同的价值诉求,这就要求厂商提供诉求点不同的产品。

定位是以产品为出发点,如一种产品、一项服务、一家公司、一所机构,甚至一个人等,但定位的对象不是产品,而是针对潜在消费者的思想。也就是说,要为产品在潜在消费者的大脑中确定一个合适的位置。

市场定位涉及的各个层面:最高层面是公司的市场定位——公司形象;第二层面是产品系列的市场定位——产品战略层面,可能需要在首次向市场推出产品时提供更多的信息,通过产品向市场展示公司的强大技术实力和长期产品战略;最低层面是产品层面——涉及与竞争对手同类产品的价格比较,价格性能比的比较。

第三章 管理竞争策略

用于公司层面市场定位的信息来源于公司战略目标、市场研究数据及竞争对手分析资料。进行产品系列或解决方案市场定位所需的信息可以从产品定义、在竞争对手过程中确定的产品区别点及产品给客户带来的益处等资料中获得。产品层面市场定位的主要资料来源有竞争对手比较、产品区别点及在竞争对手分析过程中收集到的相关信息。

（二）市场营销定位的内容

1. 细分市场的营销定位

市场定位是由客户对市场的认知而定的，一旦形成先入为主的印象（好、坏）是很难改变的。营销策划作用是可以影响市场定位的过程（早些或延迟些）。建立客户的信任及其程度是整个市场定位的关键，从信任到忠诚则是更为成功的一步。过程缓慢而艰难，要注意：利用口碑与耳语运动（吹风）；发展产品人际关系（刘翔与耐克公司）；策略性开展公共关系；找准客户；处理好与媒体、新闻界的来往，做好公关角色扮演准备。

细分市场定位，首先选择目前和潜在的购买者与使用者；然后将广大的消费群，区分为最相似的几个市场，以便最有效率地传达及推销产品。在细分市场时，确认可能成为主要对象的最终购买者或使用者。此外，也需要界定及考虑次要对象，如人数虽少，但消费量很高或获利非常丰厚的市场。其他潜在次要对象有影响者及中间市场等。

（1）定位企业客户目标市场程序。

首先，界定现有核心客户。营销人员对目前的企业客户应有清楚的了解，如标准产业分类（SIC）、规模大小、地理位置、公司产品的使用状况、组织结构、属于新使用者或反复不断使用者等。将现有顾客区分为公司产品的重量级使用者与轻量级使用者，以确定营销资源与预算应集中或针对哪一组群。

其次，针对具有高度潜力的客户。重新界定现有顾客的目标市场，充分了解其购买潜力，比较目标顾客和市场，选择潜力最大的客户，即最符合公司大量销售的客户。当然也不可忽视公司尚未争取到或市场占有率很小的客户，如果将产品或服务售往该市场，则可满足公司在这些市场的需求。尽管检讨过新公司的市场占有率之后，会发现被列为是主要目标之一的新公司，只有少数几家、许多家或一家也没有，但是仍要再次检讨市场潜力，将原来被摒弃的新公司，当作次要目标市场。

再次，找出决策者及决策程序。区分出客户及非顾客公司之后，必须进一步找出做决策者，并了解他们在决策过程中所扮演的角色与影响力，同时，也要了解决策程序及其购买原则。筛选产品的决策者是谁？最后决策者又是谁？决策者先寻求最佳品质的产品，再寻求最优惠价格，或者恰恰相反？服务是最重要因素吗？除非找出真正的决策者是谁，以及是否还有其他的决策者，否则往往无法回答上述这些问题。

最后，确定次要目标市场。次要目标市场通常是指目前向公司购买的数量并不多，但是却有高度购买潜力的客户。营销人员可分析竞争者在这方面的战略战术，确定公司可以满足这些客户的什么需求。生产厂商应把中间商视为次要目标市场，此目标市场有制造商、经销商/批发商、零售商等，为了要确信产品可让最终使用者买到，必须特别重视这些中间商。尤其是消费品的营销，可供使用的货架空间很小，很多竞争者销售同类产品时，更需要重视这些中间商。相反地,把产品顺着中间商市场向前推销,也许短期内会很有效,但是忽视最终使用者为其次要目标市场,长期而言,必将使产品失去客户的需求与忠实度。

(2) 定位消费者目标市场程序。

营销人员必须确定,主要目标群是购买者还是使用者,或者说两者兼而有之。注意,要同时很有效地向两个主要市场推销,是一件相当不容易的事。在界定程序中,第一步是最重要的步骤。这个步骤要回答下面一系列问题:两个目标组群中哪一个是主导者?构成他们购买及使用行为的是什么?使用者与购买者若非同一人,营销活动是以谁作为主要对象?是使用者或购买者?或者两者都是主要对象?在确定这些问题之前,先考虑下列5项因素:购买与使用的数量;对使用及购买决策的影响程度;市场大小;竞争者选择谁作为其目标市场;产品对一个对象或其他对象的利益如何。确定了使用者/购买者的目标市场之后,确信主要目标对象群可利用人口资料、地区、对消费者的利益、购买行为等特征的相似性予以界定。

确定了主要使用者或购买者之后,利用市场与客户研究所得到的信息,将现有客户的人口特征和同类产品客户的人口特征比较,即可了解是否需要调整目标市场,以扩大产品的潜在市场。

最后要特别提醒的是,在开发新市场或修正现有目标市场之前,先要确认既有客户的潜力已完全发挥,而且获有利润,尤其是依靠人员和客户接触的零售业、服务业,以及企业对企业营销的场合。在大多数情况下,既有客户是最重要、最有获得利润潜力的目标市场,因为他们不仅是公司目前的生存依赖,而且也是未来销售的主要目标市场。针对目前的客户,不只是要保持他们的购买忠实度,同时,也要激励他们购买更多产品,带来更多新客户。

2. 企业产品的营销定位

所谓产品定位,是指公司为建立一种适合消费者心目中特定地位的产品,所采取的产品策略企划及营销组合的活动。产品定位的创新理念可归纳为3项:产品在目标市场上的地位如何?产品在营销中的利润如何?产品在竞争策略中的优势如何?

产品定位并不是指产品本身,而是指产品在潜在消费者心目中的印象,即产品在消费者心目中的地位。对于再定位而言,开始营销人员就必须发展出营销组合策略,以使该产品的特性能确实吸引既定的目标市场,产品定位人员应对产品本身及产品印象有同等的兴趣。

(1) 企业产品营销定位的程序。

了解各种不同的定位种类后,企业只有审慎评估产品和目标市场及在竞争中的关系,才能做到具体的定位。实战中,应将产品固有的特性、独特的优点、竞争优势等和目标市场的特征、需求、欲望等结合在一起考虑。

①分析本公司与竞争者的产品。分析本身及竞争者所销售的产品,是定位的良好起点。

②找出差异性。第二步是比较自己产品和竞争产品,对主要目标市场正面及负面的差异性,这些差异性必须详细列出适合所销售产品的营销组合关键因素。有时,表面上看来是负面效果的差异性也许会变成正面效果。例如,商店空间狭小、销售产品种类很有限的小规模零售业者,会造成专业化及吸引个人注意民办科技的定位结果。无论是从事哪一种行业,营销人员都要自问:"我的产品有何差异性?此差异是否比竞争产品更佳?"公司产品的优越

性、创新性或数量（顾客数、销售量、零售店数等）是否与竞争产品有差异？如果可能，就采用计量研究法，力求客观。

③列出主要目标市场。

④指出主要目标市场的特征、欲望、需求等，列出简单扼要的答案。目标市场真正购买些什么？产品单独使用，还是与许多种产品组合在一起？目标市场使用产品的目的是什么？目标市场在哪里购买/使用产品？目标市场何时使用产品？目标市场为什么要购买及使用产品？为什么要向某一家零售店购买，而不向其他零售店购买？如何购买/使用？单独购买或和他人一起购买？经常购买或不常购买？如何使用？目标市场如何改变？市场会因人品及生活方式而改变吗？产品的购买/使用习惯如何改变？

⑤与目标市场的需求、欲望相配合列出产品和竞争者的差异及目标市场的主要需求/欲望之后，然后就是把产品的特征和目标市场的需求与欲望结合在一起。有时营销人员必须在产品和目标市场特征之间画上许多条线，以发觉消费者尚有哪些最重要的需求/欲望，未被本公司产品或竞争者的产品所满足。另一极端做法是：可满足目标市场的需求欲望的所有竞争产品，包括本公司的产品在内，没有一家竞争者声称其满足的理由。

（2）产品营销定位的方法。

①问题定位法。采用这种定位法时，产品的差异性就显得不重要了，因为如果真有竞争者，也是少之又少。此时，为涵盖目标市场，公司需要针对某一特定问题加以定位，或者在某些情况下，为产品建立市场地位。

②关系定位法。当产品没有明显差异，或者竞争者的定位和公司产品有关时，关系定位就法非常有效。利用形象及感性广告手法，可以成功地为这种产品定位。

③主要属性/利益定位法。在零售业中，最重要的消费者特征，莫过于品质、选择性、价格、服务及地点等。其所持零售观念是：购买特征会随着对目标市场的重要性而有所改变。品质和价格不只对零售业者很重要，在为产品与服务定位时也是如此。品质和价格这两项特征，会转变为第三种非常重要的特征——价值。如果率先塑造并且确实掌握，那么价值将是一种绝佳的竞争印象。这也是利益定位的良好考虑点。

④产品差异定位法。产品定位始于差异性，而这些差异性对目标市场都是有意义的。对家庭主妇而言，产品差异性包括为家人烹调食物的新方法或更好的方法。对零售业者而言，Famous Fixtures 具有零售导向，了解如何布置零售店才能提高销售，同时，也应了解迅速完成零售店装置、早日开始营业的重要性。

⑤针对特定竞争者定位法。这种定位法是直接针对某一特定竞争者，而不是针对某一产品类别。挑战针对某一特定竞争者的定位法，虽然可以获得成功（尤其是在短期内），但是就长期而言，也有其限制条件，特别是当公司挑战强有力的市场领袖时，更趋明显。

⑥分类定位法。产品的生产并不是要与某一竞争者竞争，而是要与同类产品互相竞争。当产品在市场上是新产品时，此方法特别有效——不论是开发新市场，或者为既有产品进行市场深耕。在大众运输方面，以产品类别定位的有一家地方性大众运输公司。它揭露自驾车所花费的成本及停车费太高，所以反对自驾车。该公司所主张的定位为：搭乘大众运输工具

最经济。

(三) 企业营销定位策略

1. 企业市场营销定位竞争模式

市场定位是一种竞争性定位,它反映市场竞争各方的关系。市场定位可分为以下几种模式:

(1) 避强定位。不与强有力的竞争对手发生市场冲突的市场定位模式。发展目前市场上没有的特色产品,开拓新的市场领域。

(2) 交锋定位。与优势竞争对手直接争夺市场的定位方法。如"百事可乐"与"可口可乐"的竞争。这种方式需谨慎使用,要在与竞争对手实力相当(或超过)的情况下使用,事先还必须了解市场的容量,对于对手的资源和能力,需了如指掌,做到知己知彼。

(3) 重新定位。对市场反映差,销路少的产品进行二次定位。初次定位后,随着时间的推移,新的竞争者进入市场,选择与企业相近的市场位置,致使本企业市场占有率下降,或者由于客户的偏好转移等原因,因此需要重新定位。

2. 企业市场营销定位策略方案

市场的竞争者基本上可以划分为市场领先者、市场挑战者、市场跟随者和市场补缺者4种类型。依据这4种不同的市场主体,可以划分为4种不同类型的定位策略。

不同类型市场竞争者的市场份额如图3-3所示。

市场领先者	市场挑战者	市场跟随者	市场补缺者
40%	30%	20%	10%

图3-3 不同类型市场竞争者的市场份额

(1) 市场领先者的定位策略。

绝大多数行业都有一个被公认的市场领先的公司。其产品在市场上占有最大的份额,其价格变化、新品开发、渠道覆盖和促销等对其他公司起到引领作用。其他公司承认其统领地位。

处于行业统领地位的企业要想继续保持第一位的优势,首先,要扩展总需求;其次,要采用"防卫+攻击"的方式来维护现有市场份额;最后,要进一步拓展市场占有率。具体采取的定位策略有:①阵地防御——以不变应万变,较为被动消极;②侧翼防御——堵漏洞策略,治理薄弱环节来防御竞争者的乘虚而入;③反击防御——受到攻击时,正面反击,采取形式有正面迎击(侧翼反击——以退为进)和牵制攻击;④机动防御——预防胜于治疗,有备无患。⑤撤退防御——放弃是为了得到。

（2）市场挑战者的定位策略。

目的是利用挑战达到挑战的市场效应和强势定位，主要针对以下几种情况：攻击市场领先者的弱点、漏洞；攻击规模不足以巩固其市场，而且资源有限的公司；攻击营销能力与财力不足的地区性公司。

采取正面进攻——主要攻击市场领先者的弱点，利用完全正面和局部正面（营销特定某一因素）进行；侧翼进攻——利用自身相对优势对应对方薄弱。它的具体攻击策略有价格折扣策略、廉价品策略、名牌产品策略、密集广告促销、产品创新、上佳服务、渠道创新等。

（3）市场追随者的定位策略。

采取形式是紧密跟随，模仿领先者；保持距离跟随；选择性地跟随；"老二"策略而不是老大策略，低调不张扬。

（4）市场利益者的定位策略。

市场利益者的定位策略是利用市场利基定位优势，寻找市场空缺（专业化）。该市场空缺特点是：空缺市场具有足以获利的规模与购买力；此空缺市场具有成长的潜力；主要的竞争者对此空缺市场暂时提不起兴趣；自身的商誉、技术及资源可以有效地服务此市场。企业往往采用的主要措施是专业化（市场、客户、产品、价格、渠道、推广、品牌等）和专家角色（模式）。市场主要作战策略有：产品定位游击战；高价位游击战；吞食市场游击战；特定细分市场游击战；打带跑游击战等。

三、合作竞争　纵横捭阖

分析竞争对手，明确市场定位，都是为竞争做准备的。企业要想在激烈的市场竞争中取得优势并最终获胜，必须根据市场竞争状况和市场地位制定适合自己的市场竞争战略。

（一）市场领先者战略

一般来说，市场领先者为了维护自己的优势，保持自己的领先地位，可采取3种战略：一是设法扩大市场需求总量；二是采取有效的防守措施和攻击战术，保护现有市场占有率；三是在市场规模保持不变的情况下进一步扩大市场占有率。

1. 扩大市场需求总量

一般来说，当一种产品的市场需求总量扩大时，受益最大的是处于市场领先地位的企业。因此，市场领先者应努力从以下3个方面扩大市场需求量。

一是开发新客户。每一种产品都有吸引消费者的潜力，因为有些消费者不知道这种产品，或者因为其价格不合适或缺乏某些特点等而不想购买这种产品。这样，企业可以从3个方面发掘新的使用者：①转变未使用者，即说服那些尚未使用本行业产品的人使用，把潜在消费者转变为现实消费者；②进入新的细分市场，这是对现有细分市场中还未使用过本行业产品的消费者，或者偶尔使用的消费者，说服他们使用产品，如说服不用香水的女士使用香水；③地理扩展，寻找尚未使用本产品的地方。

二是开辟产品新用途。企业也可以通过发现并推广产品的新用途来扩大市场。同样，消费者也是发现产品新用途的重要来源，企业必须注意消费者对本企业产品使用的情况。

三是扩大产品的使用量。促使使用者增加用量也是扩大需求的一种重要手段，主要方法包括提高使用频率、增加每次使用量、增加使用场所等。例如，牙膏生产厂家劝说人们每天不仅要早晚刷牙，最好每次饭后也要刷牙，以增加牙膏的使用量。

2. 保护现有市场占有率

处于市场领先地位的企业在努力扩大整个市场规模时，必须注意保护自己现有的业务，防备竞争者的攻击。

市场领先者如何防御竞争者的进攻呢？最有建设意义的答案是不断创新。领先者不应满足于现状，必须在产品创新、提高服务水平和降低成本等方面真正处于该行业的领先地位。也应在不断提高服务质量的同时，抓住对方的弱点主动出击，即"进攻是最好的防御"。

市场领先者即使不发动进攻，至少也应保护其所有战线，不能有任何疏漏。IBM公司之所以决定生产个人计算机，其部分原因就是为了防止其他公司乘虚而入、站稳脚跟后发展壮大。堵塞漏洞要付出很高的代价，随便放弃一个产品或细分市场，"机会损失"可能更大。柯达公司因为35毫米照相机蚀本就放弃了这一市场，但是日本人却想方设法对这种照相机进行改进，使其便于操作，从而迅速取代了价格较低的柯达照相机。由于资源有限，领先者不可能保持其在整个市场上的所有阵地，因此，其必须善于准确地辨认哪些是值得耗资防守的阵地，哪些是可以放弃而不会招致风险的阵地，以便集中使用防御力量。防御策略的目标是要减少受到攻击的可能性，将攻击转移到威胁较小的地带，并削弱其攻势。具体来说，以下6种防御策略可供市场领先者选择。

（1）阵地防御（Position Defense）。阵地防御就是在现有阵地周围建立防线，这是一种静态的消极防御，是防御的基本形式，但是不能作为唯一形式。对于营销者来讲，单纯防守现有的阵地或产品，就会患"营销近视症"。当年，亨利·福特便对他的T形车的"近视症"付出了沉重的代价，使得年盈利10亿美元的福特汽车公司从顶峰跌到濒临破产的边缘。与此相对比的是，现在可口可乐公司虽然已经发展到年产量占全球饮料半数左右的规模，但仍然积极从事多角化经营，如打入酒类市场、兼并水果饮料公司、从事塑料和海水淡化设备等工业。总之，遭受攻击的领先者如果集中全部资源一味防御，那么将是十分愚蠢的。

（2）侧翼防御（Flanking Defense）。侧翼防御是指市场领先者除保卫自己的阵地外，还应建立某些辅助性的基地作为防御阵地，或者必要时作为反攻基地。特别要注意保卫自己较弱的侧翼，防止对手乘虚而入。例如，20世纪70年代美国的汽车公司就是因为没有注意侧翼防御而遭到日本小型汽车的进攻，失去大片阵地的。

（3）先发制人防御（Preemptive Defense）。这种更积极的防御策略是在敌方对自己发动进攻之前，先发制人抢先攻击。具体做法是：当竞争者的市场占有率达到某一危险的高度时，就对它发动攻击；或者是对市场上的所有竞争者进行全面攻击，使得对手人人自危。有时，这种以攻为守是心理作用，并不一定付诸行动。例如，市场领先者可发出市场信号，迫使竞争者取消攻击。当然，企业如果拥有强大市场资产、品牌忠诚度高、技术领先等，面对对手挑战时，则可以沉着应战，不轻易发动进攻。例如，美国亨氏公司对汉斯公司在番茄酱市场上的进攻就置之不理,结果后者得不偿失,以败阵告终。

(4) 反攻防御(Counteroffensive Defense)。当市场领先者遭到对手降价或促销攻势,或者改进产品、实施市场渗透等进攻时,不能只是被动应战,应主动反攻。领先者可以选择迎击对方的正面进攻、迂回攻击等策略。例如,美国西北航空公司最有利的航线之一——明尼阿波利斯至亚特兰大航线受到另一家航空公司降价和促销进攻时,西北航空公司采取的报复手段是将明尼阿波利斯至芝加哥航线的票价降低,由于这条航线是对方主要收入来源,因此迫使进攻者不得不停止进攻。

(5) 运动防御(Mobile Defense)。运动防御要求领先者不但要积极防守现有阵地,还要扩展到可作为未来防御和进攻中心的新阵地,它可以使企业在战略上有较多的回旋余地。市场拓展可通过两种方式实现:一是市场扩大化,企业将其注意力从目前的产品上转移到有关该产品的基本需求上,并全面研究与开发有关该项需求需要的科学技术,如"石油"公司变成"能源"公司就意味着市场范围扩大了;二是市场多样化,即向无关的其他市场拓展,实行多元化经营。

(6) 收缩防御(Shrink Defense)。有时,在所有市场阵地上进行全面防御会力不从心,从而顾此失彼。在这种情况下,最好的行动是实行战略收缩——收缩防御,即放弃某些薄弱的市场,把力量集中用于优势的市场阵地中。

> **学习参考**
>
> 1899年,具有100多年历史的柯达公司已开始垄断日本市场。但在第二次世界大战后,为了使日本能及早恢复经济和重振民族工业,柯达公司和许多外国企业一样被迫迁出日本。以后40年中,富士胶卷公司取得很大进展,占据日本70%的市场。同时,富士公司还在包括美国在内的世界各地处处显示出咄咄逼人之势。1985年,柯达公司总部开始意识到富士方兴未艾的猛烈攻势已威胁到自己的生存,并决定予以反击。日本是世界最大的胶卷市场,柯达公司决定"以其人之道还治其人之身",打入日本本土。于是,柯达公司急忙赴东京开办分公司,并进行大规模投资,共达500万美元。6年后,柯达公司的产品在日本的销量上升了6倍多,1990年营业额竟达13亿美元。

3. 扩大市场占有率

市场领先者设法提高市场占有率,也是增加收益、保持领先地位的一个重要途径。在美国许多市场上,市场份额提高一个百分点就意味着增加数千万美元的收益。美国的一项称为"企业经营战略对利润的影响"的研究表明,市场占有率是影响投资收益率最重要的变数之一,市场占有率越高,投资收益率越大,市场占有率高于40%的企业的平均投资收益率相当于市场占有率低于10%企业的3倍,因此,许多企业以提高市场占有率为目标。例如,美国通用电器公司要求它的产品在各自市场上都要占据第一位或第二位;否则就要撤退。该公司就曾将计算机和空调机两项业务的投资撤回,因为它们在其中无法取得独占鳌头的地位。

随着企业在其所服务的市场上获得市场占有率超过其竞争者,其盈利就会增加。奔驰公司获得高额利润是因为它在其所服务的豪华汽车市场上是一个占有率较高的公司,尽管它在整个汽车市场上占有率并不是很高。

不过，企业切不可认为在任何情况下市场占有率的提高都意味着收益率的增长，这还取决于为提高市场占有率所采取的营销策略是什么。有时，为提高市场占有率所付出的代价会高于它所获得的收益，因此，企业在提高市场占有率时应考虑以下3个因素：

（1）引起反垄断诉讼的可能性。许多国家为维护市场竞争，制定反垄断法，当企业的市场占有率超过一定限度时，就有可能受到反垄断诉讼和制裁。

（2）营销成本。当市场份额已达到一定水平时，再提高一步的边际成本非常大，甚至得不偿失。

（3）营销组合策略。有些营销手段对提高市场占有率很有效，但却未必能提高利润。只有在下列两种情况下，市场占有率才同收益率成正比。①单位成本随着市场占有率的提高而下降，如格兰仕集团生产微波炉便是采取了这种策略；②企业在提供优质产品时，销售价格的提高大大超过为提高质量所投入的成本，如美国学者克罗斯比（Crosby）认为，质量是免费的，因为质量好的产品可减少废品损失和售后服务的开支等，这就节约了成本，但是，其产品应投消费者之所好，这样消费者就愿意支付超出成本的高价了。

总之，市场领先者必须善于扩大市场需求总量，保卫自己的市场阵地，防御挑战者的进攻，并在保证收益增加的前提下，提高市场占有率。这样才能持久地占据市场主导地位。

（二）市场挑战者战略

1. 明确战略目标和挑战对象

战略目标同进攻对象密切相关，针对不同的对象存在不同的目标。一般来说，挑战者可以选择以下3种公司作为攻击对象。

（1）攻击市场领先者。这一战略风险很大，但是潜在的收益可能很高。为取得进攻的成功，挑战者要认真调查研究客户的需要及其不满之处。这些就是市场领先者的弱点和失误。例如，美国米勒啤酒公司之所以获得成功，就是因为该公司瞄准了那些想喝"低度"啤酒的消费者为开发重点，而这一市场在以前却被忽视了。此外，通过产品创新，以更好的产品来夺取市场也是可供选择的策略。

（2）攻击与己规模相当者。挑战者对一些与自己势均力敌的企业，可选择其中经营不善而发生危机者作为攻击对象，以夺取它们的市场。

（3）攻击区域性小型企业。一些地方性小型企业中因经营不善而发生财务困难者，可作为挑战的攻击对象。例如，美国几家主要的啤酒公司能成长到目前的规模，就是靠吞并一些小啤酒公司，蚕食小块市场而得来的。

2. 选择进攻策略

在确定了战略目标和进攻对象之后，挑战者要考虑进攻的策略问题。其原则是集中优势兵力于关键的时刻和地方。总体来说，挑战者可选择以下5种战略。

（1）正面进攻。正面进攻就是集中兵力向对手的主要市场发动攻击，打击的目标是敌人的强项而不是弱点。这样，胜负便取决于谁的实力更强、谁的耐力更持久，进攻者必须在产品、广告、价格等主要方面大大领先于对手，才有可能成功。

第三章　管理竞争策略

进攻者如果不采取完全正面的进攻策略，那么也可采取一种变通形式，最常用的方法是针对竞争对手实行降价，即通过在研究开发方面大量投资，降低生产成本，从而在低价格上向竞争对手发动进攻。这是持续实行正面进攻策略最可靠的基础之一。

（2）侧翼进攻。侧翼进攻就是集中优势力量攻击对手的弱点，有时也可正面佯攻，牵制其防守兵力，再向其侧翼或背面发动猛攻，采取"声东击西"的策略。侧翼进攻可以分为两种：一种是地理性的侧翼进攻，即在全国或全世界寻找对手相对薄弱的地区发动攻击；另一种是细分性侧翼进攻，即寻找市场领导企业尚未很好满足的细分市场。例如，德国和日本的汽车生产厂商就是通过发掘一个尚未被美国汽车生产厂商重视的细分市场，即针对节油的小型汽车的需要而获得极大发展的。

侧翼进攻不是指在两个或更多的公司之间浴血奋战来争夺同一市场，而是要在整个市场上更广泛地满足不同的需求，因此，它最能体现现代市场营销观念，即"发现需求并且满足它们"，同时，侧翼进攻也是一种最有效和最经济的策略，较正面进攻有更多的成功机会。

（3）围堵进攻。围堵进攻是一种全方位、大规模的进攻策略，在几个战线发动全面攻击，迫使对手在正面、侧翼和后方同时全面防御。

进攻者可向市场提供竞争者能供应的一切，甚至比对方还多，使自己提供的产品无法被拒绝。当挑战者拥有优于对手的资源，并确信围堵计划的完成足以打垮对手时，这种策略才能奏效。日本的精工表在国际市场上就是采取的这种策略。在美国，精工表提供了约400个流行款式、2 300种手表，占据了几乎每个重要钟表商店，通过种类繁多、不断更新的产品和各种吸引消费者的促销手段，取得了很大成功。

（4）迂回进攻。这是一种最间接的进攻策略，避开了对手的现有阵地而迂回进攻。具体方法有3种：一是发展无关的产品，实行产品多元化经营；二是以现有产品进入新市场，实现市场多元化；三是通过技术创新和产品开发替换现有产品。

（5）游击进攻。游击进攻主要适用于规模较小、力量较弱的企业，目的在于通过向对方不同地区发动小规模的、间断性的攻击来骚扰对方，使之疲于奔命，最终巩固永久性据点。游击进攻可采取多种方法，包括有选择的降价、强烈的突袭式的促销行动等。应指出的是，尽管游击进攻可能比正面围堵或侧翼进攻节省开支，但如果要打倒对手，光靠游击战是不可能实现的，还需要发动更强大的攻势。

从上述内容可以看出，市场挑战者的进攻策略是多样的。一个挑战者不可能同时运用所有这些策略，但也很难单靠某一种策略取得成功，通常应设计出一套策略组合，通过整体策略来提高自己的市场地位。

（三）市场跟随者战略

市场跟随者并非被动的单纯追随领先者，必须找到一条不致引起竞争性报复的发展战略。

1. 紧密跟随

紧密跟随战略是在各个细分市场和市场营销组合方面，尽可能地仿效领先者。这种跟随者有时好像是挑战者，但只要它不从根本上侵犯到领先者的地位，就不会发生直接冲突，有些甚至被看成是靠拾取领先者的残余谋生的寄生者。

2. 距离跟随

距离跟随者是在主要方面，如目标市场、产品创新、价格水平和分销渠道等方面都追随领先者，但仍与领先者保持若干差异。这种跟随者可通过兼并小企业促使自己发展壮大。

3. 选择跟随

选择跟随者在某些方面紧跟领先者，而在另一些方面又自行其是，即它不是盲目跟随，而是择优跟随，在跟随的同时还要发挥自己的独创性，但不进行直接的竞争。这类跟随者之中有些可能发展成为挑战者。

（四）市场补缺者战略

1. 市场补缺者战略定义

市场补缺者战略是指那些规模较小的或专门为大企业不感兴趣的细分市场提供产品和服务的企业。它们的作用是拾遗补缺，见缝插针。市场补缺者的主要特征表现在：有足够的市场潜力和购买力；对主要竞争者不具有吸引力；企业具备有效地为这一市场服务所必需的资源和能力；企业已在客户中建立起良好的信誉，足以对抗竞争者。

2. 市场补缺者的主要策略

一般情况下，专业化营销是市场补缺者的主要策略。具体可以分为以下10种情况。

（1）按最终用户专业化。企业致力于为某些最终用户服务，如书店可以专门为爱好或研究文学、经济、法律等的读者服务。

（2）按垂直层次专业化。企业专业化从事某一生产销售循环中的某些垂直分工，如制铝厂可专门生产铝锭、铝制品或铝质零部件。

（3）按客户规模专业化。企业专门为小型、中型或大型的客户服务，如许多补缺者专门为被大企业忽略的小规模顾客服务。

（4）按特定客户专业化。企业只为一个或几个主要客户服务，如美国一些企业专门为西尔斯百货公司或通用汽车公司供货。

（5）按地理区域专业化。企业专为国内外某一地区或地点服务。

（6）按产品或产品线专业化。企业只从事一种产品或产品线生产，如日本的YKK公司只生产拉链这一类产品。

（7）按产品特色专业化。企业专门经营某一类型的产品或特色产品，如某些书店专门经营"古旧"图书等。

（8）按客户订单专业化。企业按客户要求提供专门服务。

（9）按质量价格专业化。企业专门提供高质高价或低质低价的产品。

（10）按服务项目专业化。企业专门提供一种或几种其他企业没有开设的服务项目，如美国某家银行专门承办电话贷款业务，并为客户送款上门。

3. 市场补缺者的风险

市场补缺者在选择这些专业化策略时要承担很大的风险，这些风险主要是当竞争者入侵

第三章 管理竞争策略

市场或目标市场的消费习惯变化时有可能陷入困境。这些企业往往会选择两个或两个以上的主要方向,以确保企业的生存和发展。不管怎样,只要营销者善于经营,小企业也有机会为顾客服务并赢得利润。

 知识回顾

本章的内容是参与市场营销的骨干。只有懂得竞争并利用竞争,才能在市场上存活下来,才能在未来的发展中始终保障企业经营理念不变,因此,合理确定竞争对手、分析竞争对手、划定自身的市场地位,做到知己知彼,对于一个企业展开之后的营销活动非常重要。而在市场上有不同地位的营销者要依据这些方面的信息,做好战略定位,使自己获得好的发展。

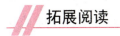 拓展阅读

SWOT 分析法

SWOT 分析法(也称 TOWS 分析法、道斯矩阵)即态势分析法,20 世纪 80 年代初由美国旧金山大学的管理学教授韦里克提出,经常被用于企业战略制定、竞争对手分析等场合。在现在的战略规划报告中,SWOT 分析应该算是一个众所周知的工具。来自麦肯锡咨询公司的 SWOT 分析包括分析企业的优势(Strengths)、劣势(Weaknesses)、机会(Opportunities)和威胁(Threats)。SWOT 分析实际上是将对企业内外部条件各方面内容进行综合和概括,进而分析组织的优劣势、面临的机会和威胁的一种方法。

SWOT 分析可以帮助企业把资源和行动聚集在自己的强项和有最多机会的地方,并让战略变得明朗。

优劣势分析主要是着眼于企业自身的实力及其与竞争对手的比较,而机会和威胁分析将注意力放在外部环境的变化及对企业的可能影响上。在进行分析时,企业应把所有的内部因素(即优劣势)集中在一起,然后用外部的力量来对这些因素进行评估。

1. 机会与威胁分析(Environmental Opportunities and Threats)

随着经济、科技等诸多方面的迅速发展,特别是世界经济全球化、一体化过程的加快,全球信息网络的建立和消费需求的多样化,企业所处的环境更为开放和动荡。这种变化几乎对所有企业都产生了深刻的影响。正因为如此,环境分析成为一种日益重要的企业职能。

环境发展趋势分为两大类:一类表示环境威胁;另一类表示环境机会。环境威胁是指环境中一种不利的发展趋势所形成的挑战,如果不采取果断的战略行为,那么这种不利趋势将导致公司的竞争地位受到削弱。环境机会就是对公司行为富有吸引力的领域,在这一领域中,该公司将拥有竞争优势。

对环境的分析也可以有不同的角度。例如,一种简明扼要的方法就是 PEST 分析;另一

种比较常见的方法就是波特的五力分析。

2. 优势与劣势分析（Strengths and Weaknesses）

识别环境中有吸引力的机会是一回事，拥有在机会中成功所必需的竞争能力则是另一回事。每个企业都要定期检查自己的优势与劣势，可通过"企业经营管理检核表"的方式进行。企业或企业外的咨询机构都可利用这一格式检查企业的营销、财务、制造和组织能力。每一要素都要按照特强、稍强、中等、稍弱或特弱划分等级。

当两个企业处在同一市场或它们都有能力向同一客户群体提供产品和服务时，如果其中一个企业有更高的赢利率或赢利潜力，那么就认为这个企业比另一个企业更具有竞争优势。换句话说，所谓竞争优势是指一个企业超越其竞争对手的能力，这种能力有助于实现企业的主要目标——赢利。值得注意的是，竞争优势并不一定完全体现在较高的赢利率上，因为有时企业更希望增加市场份额，或者多奖励管理人员或雇员。

竞争优势可以指消费者眼中一个企业或它的产品有别于其竞争对手的任何优越的东西，它可以是产品线的宽度、产品的大小、质量、可靠性、适用性、风格和形象以及服务的及时、态度的热情等。虽然竞争优势实际上指的是一个企业比其竞争对手有较强的综合优势，但是明确企业究竟在哪一个方面具有优势更有意义，因为只有这样，才可以扬长避短，或者以实击虚。

由于企业是一个整体，而且竞争性优势来源十分广泛，因此，在做优劣势分析时必须从整个价值链的每个环节上，将企业与竞争对手做详细的对比。例如，产品是否新颖、制造工艺是否复杂、销售渠道是否畅通以及价格是否具有竞争性等。如果某个企业在某方面或某几个方面的优势正是该行业企业应具备的关键成功要素，那么该企业的综合竞争优势也许就强一些。需要指出的是，衡量一个企业及其产品是否具有竞争优势，只能站在现有潜在客户的角度上，而不是站在企业的角度上的。

企业在维持竞争优势过程中，必须深刻认识自身的资源和能力，采取适当的措施。因为企业一旦在某方面具有了竞争优势，势必会吸引到竞争对手的注意。一般来说，企业经过一段时间的努力，建立起某种竞争优势后；就处于维持这种竞争优势的态势中，竞争对手开始逐渐做出反应；最后，如果竞争对手直接进攻企业的优势所在，或者采取其他更为有力的策略，那么就会使这种优势受到削弱。

影响企业竞争优势的持续时间，主要有3个关键因素：

（1）建立这种优势所需的时间。

（2）能够获得的优势的多少。

（3）竞争对手做出有力反应所需的时间。

如果企业分析清楚了这3个因素，就会明确自己在建立和维持竞争优势中的地位。

显然，公司不应去纠正它的所有劣势，也不是对其优势不加利用。主要的问题是公司应研究它究竟是应只局限在已拥有优势的机会中，还是去获取和发展一些优势以找到更好的机会。有时，企业发展慢并非因为其各部门缺乏优势，而是因为它们不能很好地协调配合。例如，某家大电子公司，工程师轻视推销员，视其为"不懂技术的工程师"；而推销员则瞧不起服务部门的人员，视其为"不会做生意的推销员"。因此，评估内部各部门的工作关系作为一项内部审计工作，是非常重要的。

波士顿咨询公司提出，能获胜的公司是取得公司内部优势的企业，而不仅仅是只抓住公司的核心能力。每个公司必须管好某些基本程序，如新产品开发、原材料采购、对订单的销售引导、对客户订单的现金实现、客户问题的解决时间等。每个程序都创造价值和需要内部部门协同工作。虽然每个部门都可以拥有一个核心能力，但如何管理这些优势能力开发仍是一个挑战。

第四章

产品品牌包装

产品品牌与包装是企业产品的外在形象。产品、品牌、包装把企业同竞争对手区别开来，使企业具有了个性和特色。同等质量的产品，当有不同的功能，标上不同知名度的品牌时，由于外在包装不同，因此产品售价也就大相径庭。品牌是企业的无形资产，创造品牌价值已成为企业奉行的一种新的营销导向。

知识目标

1. 了解产品的概念。
2. 理解产品策划的方式。
3. 掌握产品组合策划的方式。
4. 理解产品的延伸策划。
5. 理解产品生命周期及其对应的营销策划手段。
6. 了解产品品牌规划的要素。
7. 理解产品品牌策划的错误认识。
8. 理解产品品牌策划的方式。
9. 掌握常见的产品品牌包装策划方法。

技能目标

1. 能够进行产品组合策划。
2. 理解产品的生命周期及营销策划。
3. 掌握产品品牌策划的正确方式。
4. 能够提出产品品牌包装策划方案。

第四章 产品品牌包装

知识导图

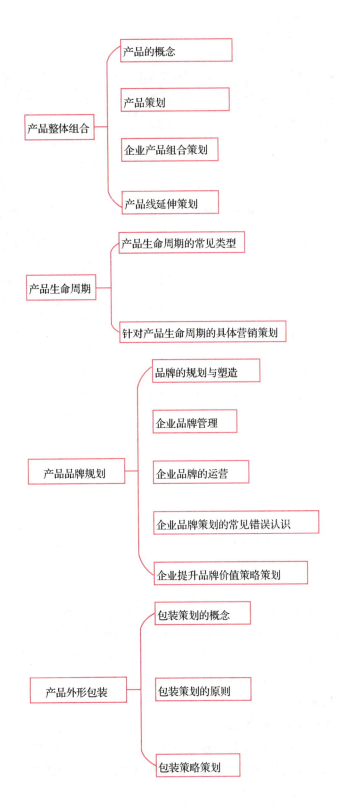

- 产品整体组合
  - 产品的概念
  - 产品策划
  - 企业产品组合策划
  - 产品线延伸策划
- 产品生命周期
  - 产品生命周期的常见类型
  - 针对产品生命周期的具体营销策划
- 产品品牌规划
  - 品牌的规划与塑造
  - 企业品牌管理
  - 企业品牌的运营
  - 企业品牌策划的常见错误认识
  - 企业提升品牌价值策略策划
- 产品外形包装
  - 包装策划的概念
  - 包装策划的原则
  - 包装策略策划

市场营销

> **案例导入**
>
> **美国推出包装简单有趣的葡萄酒**
>
> 面对全球葡萄酒供应过剩的局面，酿酒业正尽量为消费者的便利着想，改用新包装吸引顾客。美国部分葡萄酒生产公司为了吸引年轻一代的客户，准备改变精英化的形象，推出包装简单而又有趣的葡萄酒。
>
> 新型葡萄酒产品将采用小包装以便于携带。考虑到60%以上的美国家庭没有开酒器，美国市场上的葡萄酒包装已出现旋转式瓶盖和较小的瓶身，有的公司还尝试用铝罐包装。酒瓶外贴上颇具活力的酒标，年轻消费者对酒的年份和品种等方面没有太多讲究，因此酒标的说明趋简，如 Jakes Fault 只在酒标上标明酿酒用的葡萄品种是西拉，Virgin 公司只标明酿酒用的葡萄品种是霞多丽和西拉。10美元一瓶的酒被认为最适合对于价格敏感的年轻消费者，他们想买到物有所值的东西，而且不希望自己买便宜货。
>
> 已经流行了几十年的葡萄酒盒式包装现在也发生了改变。新一代酿酒商通常把获奖的顶级葡萄酒先装在袋囊中，再用盒子包装。塑料袋囊附有像水龙头一样的开关，能够既让酒流出来，又不让空气进入，以免减损酒的风味。这种盒装葡萄酒打开后可以保存一个多月，很方便偶尔喝一杯的人，而不像瓶装酒，打开后只能保存几天。目前，盒装葡萄酒大约占美国葡萄酒销售量的15%~20%。
>
> 美国葡萄酒市场协会的格雷斯皮说："葡萄酒包装正展开革命，我们会看到更多创新产品。现在，全球葡萄酒的供应远超过需求，这种情况将促使销售人员发挥其最佳创意。"

一、产品整体组合

产品是市场营销组合中的核心要素，产品策划也是企业营销策划活动的中心，产品策划的正确与否，直接影响企业营销活动的全局。

（一）产品的概念

产品的含义有两种理解：一种是狭义的，即产品只是一种具有某种特定物质形态和现实用途的物体；另一种是广义的，即凡是能满足人的某种欲望和需要，提供给市场、被人们消费和使用的一切物品和劳务都称为产品。产品核心是一个抽象的概念，是指产品能满足消费者需要的本质属性，即能给消费者带来实际利益的产品实质，也是消费者购买产品的根本目的。产品核心的把握在产品策划中具有基础性的地位，只有把握了产品的核心，才能真正满足消费者需求，使产品策划获得成功。

产品实体是以有形形式出现的产品核心的载体，是消费者通过感官可以接触到、感觉到的物质形态。产品实体是具体、形象、生动地展现在消费者面前的物品，是能抓住消费者目光、打动消费者心灵的产品所在，因此是在产品策划中需要精心谋划的最重要的方面之一。

产品实体一般包括产品的品质、结构、特色、式样、品牌、包装、形状、风格、色彩等要素，在产品策划中要予以考察和构思。

附加产品是指消费者在购买产品时所得到的附加服务和利益，如免费送货、安装、维修、技术指导、售后服务、保修包换等。附加产品不是产品的本身，也不构成产品的外在观感，但却实实在在为消费者带来利益和实惠。对附加产品的策划是产品策划的另一个重要组成部分。

(二) 产品策划

产品策划是指企业为使自己的产品或产品组合适应消费者需求与市场的动态变化，而对产品开发、生产和经营所进行的谋划与筹算。产品策划在企业的营销活动中占有重要的地位。产品策划能使企业的营销活动针对目标市场开发新产品，以使其适销对路，实现利润最大化；产品策划能帮助企业正确应对市场竞争态势、扬长避短、克敌制胜；产品策划能树立企业形象，大幅提升企业知名度和美誉度。产品策划整体上要把握以下几方面原则：

1. 针对需求，满足客户

市场需求是产品策划的唯一源泉，又是检验产品策划成败的唯一归宿。因此策划人无不感慨"成也市场、败也市场"。只有从市场中来，又在市场中得以验证的产品策划才是一项成功的策划。这里，要正确看待所谓的"灵机一动""拍脑袋"而产生的策划创意。这种创意究其根本，均可在市场活动中寻得其萌生的影子，因此，产品策划一定要基于广泛而深入的市场研究，企业只有把握客户消费需求的真实意境，才能取得产品策划的完全成功。

对市场需求的认识，不能只停留在物质层面上，而应深入了解消费者的市场需求已经突破了传统的产品物质实体及其功效的局限，呈现出多层次、多元化的特征。在这里，精神层面、感性层面的需求是被强化和凸显了。所以，在产品策划中，重视市场需求的精神、情感因素，打造品牌形象，提升产品附加价值在当今时代具有十分重要的意义。

2. 刻意创新，推出新产品

在产品策划，特别在新产品的策划中应坚持刻意创新的原则。创新是产品策划的活的灵魂。面对琳琅满目的产品市场，人们常常会感叹产品丰富、推出新产品的艰难，但创新的灵感总是光顾勤于实践、敏于思索的智者。在刻意创新的探索中，往往可以在求异的思考中开创"柳暗花明又一村"的境地。弗兰克·柏杜面对鸡肉这一广为享用的食品，发誓要"创造"出一种新的"鸡型"。他在电视广告中说："只有坚韧不拔的人才能饲养出肉质鲜嫩的鸡。"如今，挂着柏杜品牌的鸡肉在美国东海岸已有了30%的市场占有率，而且售价比其他品牌的鸡肉高出10%。柏杜的结论是："如果你连鸡肉也能予以差异化，这世上恐怕没有你无法差异化的东西了。"

新产品开发的流程如图4-1所示。

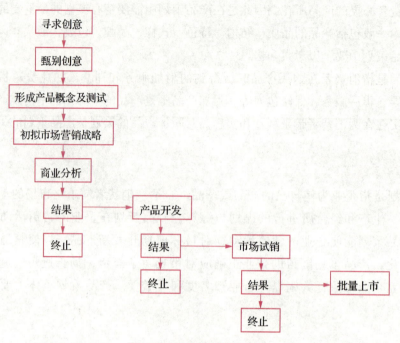

图 4-1 新产品开发的流程

3. 敢于竞争,争优创先

产品策划是企业竞争的最重要方面之一。一个企业面对激烈的市场竞争,面对令人眼花缭乱的新品迭出,不能自叹不如、妄自菲薄、不敢竞争、不敢争先,而令企业面临颓废的境地。一个企业应该认识到,无论产品多么层出不穷,无论消费者的需求得到多大程度的满足,时代在进步、社会在发展,总有新的市场空缺会出现,总有新的商机会呈现。有为企业应该敢于竞争、争优创先,在林林总总的市场格局中占有一席之地,自立在产品竞争之林,追求卓越,争创辉煌。

4. 当机立断,追求时效

产品策划是一种时效性特别强的竞争谋划,而优秀创意要转化为现实的产品,是需要耗费时间的。从某种意义上说,"时间就是金钱",只有率先把产品推向市场、把握商机、夺取竞争主动权的企业才有希望攀上成功的光辉顶点。任何的观望、等待、优柔寡断都没有立足之地。

5. 权衡而为,量力而行

产品策划是一项需要投入相应资金和人力、物力、财力的谋划和筹算活动。这里存在风险,特别是新产品的开发要投入一定的资金,以及相应的技术力量。一旦失误,企业会有重大损失,所以应慎重决策。企业特别要权衡原有的资金、设施、技术等方面与新产品的匹配程度,量力而行,以使产品策划成则赢、失误导致的损失也不至于过大,从而避让风险、进退自如。

在产品趋于同质化的今天,若要让产品吸引消费者,企业就必须加大使产品品牌化,进行产品包装，从而使产品打开销路，扩大市场，提高企业的生存概率并拓宽发展路径。

（三）企业产品组合策划

1. 产品组合的概念

产品组合是指一个企业生产或经营的全部产品线、产品项目的组合方式。产品线和产品项目是产品组合的基本要素。

产品项目是指特定品牌或产品线内由尺码、价格、外观及其他属性来区别的具体产品。

产品线是指某一产品类别中密切相关的一组产品。其特点为功能相似、客户相似、渠道相似、价格相似。

产品项目和产品线的不同，可产生 4 种产品组合变量，即产品组合的长度、宽度、深度和密度。

（1）产品组合的长度是指一个企业的产品组合中全部产品项目数。

（2）产品组合的宽度是指一个企业的产品组合中全部产品线数。

（3）产品组合的深度是指一个企业的产品线中拥有的产品项目数。

（4）产品组合的密度是指企业各条产品线的产品在最终使用、生产条件、分销等方面的相关程度。

2. 最佳产品组合的策划

由于市场需求和竞争形势的变化，产品组合中的每个项目必然会在变化的市场环境下发生分化，一部分产品会获得较快的成长或拥有较高的市场占有率，或者取得较高的利润；另一部分产品则趋于衰落。因此，企业需要经常分析产品组合中各个产品项目或产品线的销售成长率、利润率和市场占有率，判断各产品项目或产品线销售成长上的潜力或发展趋势，以确定企业资金的运用方向；做出开发新产品和剔除衰退产品的决策，以调整其产品组合，实现最佳产品组合。

一种分析最佳产品组合的方法是三维分析图（图 4-2）。在三维空间坐标上，X、Y、Z 3 个坐标轴分别表示市场占有率、销售成长率及利润率。其中，每个坐标轴又分为高、低 2 段，这样就能得到 8 种可能的位置。

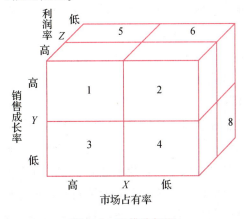

图 4-2　三维分析图

如果企业的大多数产品项目或产品线处于1、2、3、4位置上，就可以认为产品组合已达到最佳状态。因为任何一个产品项目或产品线的利润率、销售成长率和市场占有率都有一个由低到高又转为低的变化过程，不能要求所有的产品项目同时达到最好的状态，即使同时达到也是不能持久的。所以企业所能要求的最佳产品组合必然包括：目前虽不能获利但有良好发展前途、预期成为未来主要产品的新产品；目前已达到高利润率、高成长率和高占有率的主要产品；目前虽仍有较高利润率而销售成长率已趋于降低的维持性产品；已决定淘汰、逐步收缩其投资以减少企业损失的衰退产品。

3. 产品组合调整策划

企业根据市场环境和资源条件变动的前景，适时增加应开发的新产品和淘汰应退出的衰退产品，从而随着时间的推移，企业尽可能保持最佳产品组合。

企业产品组合调整的策略主要有以下几种：

（1）缩减产品组合策略。

缩减产品组合策略是指企业应根据不同产品项目的利润率、成长率和占有率，将一些利润率、成长率和占有率都较低的产品项目淘汰，以此来降低产品组合的长度、宽度或深度。也就是说，企业剔除那些获利小的产品线或产品项目，集中资源生产那些获利多的产品线或产品项目。这种策略一般在市场不景气或原料、能源供应紧张时采用。

（2）扩大产品组合策略。

扩大产品组合策略是指企业通过不断研究市场需求的变化，开发新产品，增加企业的产品项目和产品线，以此来拓宽产品组合的长度、宽度和加强产品组合的深度，即增加产品的系列或项目，扩大经营范围，生产经营更多的产品以满足市场的需要。这种策略一般在市场需求变化时或企业发展时采用。

（3）产品线优化策划。

随着市场需要和偏好的变化及竞争者的进出，企业的营销环境在不断变化，会给企业的某些产品线带来机会或威胁，因此，企业需要经常分析、评价和优化产品线。特别是在市场不景气或原料、能源供应紧张的情况下，企业需要收缩产品线。此时，从产品线中剔除那些获利很少甚至亏损的产品项目，有利于企业集中力量做那些获利多、竞争力强的产品项目，提升企业的总利润。

产品线优化就是指企业在分析和评价现行产品线的基础上对其做出的调整。

①分析、评估现行产品线内不同产品项目所带来的销售额和利润额，即进行"产品线销售额和利润额分析"。如图4-3所示，企业的一条产品线上共有5个产品项目。第一个产品项目的销售额和利润占比分别为40%和35%；第二个产品项目的销售额和利润占比分别为30%和30%。如果这两个项目突然受到竞争者的打击或销售疲软，整个产品线的销售额和利润额将迅速下降。在一条产品线上，如果销售额和利润额集中在少数几个产品项目上，意味着这条产品线比较薄弱。此时，一方面，企业要对其加强保护；另一方面，需要努力发展具有良好市场前景的产品项目。最后一个产品项目只占整个产品线销售额和利润额的5%，故当企业需要收缩产品线时可以将其剔除。

第四章　产品品牌包装

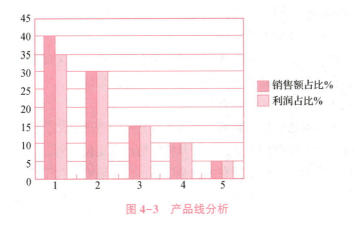

图 4-3　产品线分析

②分析产品线内各产品项目与竞争者同类产品的对比状况，即进行"产品线竞争定位分析"。如果竞争对手和企业的产品线雷同，则要分析彼此的强弱。如图 4-4 所示，A 公司的一条产品线是沙发。顾客对沙发最重视的指标是款式和功能。沙发款式分为豪华、漂亮、一般 3 个档次；功能分为单功能、双功能、多功能。A 公司生产 3 种沙发：豪华双功能型、漂亮双功能型和漂亮多功能型。A 公司有两个竞争者，即 B 公司和 C 公司。B 公司生产两种沙发：豪华单功能型和漂亮单功能型；C 公司也生产两种沙发：一般双功能型和一般多功能型。如果 A 公司另有一个产品项目为豪华单功能型，与 B 公司的产品重叠，那么在进行产品线收缩时，就可以考虑先把它剔除。相反，从图 4-4 中也可以看出，市场上仍有两个空白点。在市场前景看好、需要延伸产品线时，企业可以优先考虑开发能够占据这两个空白点的产品项目。

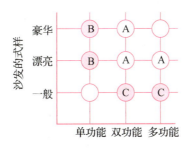

图 4-4　产品线竞争定位分析

③综合考虑产品线的赢利能力和竞争地位，提出优化组合方案并对各种方案进行论证，反复对比，做出选择。经过这样的调整，企业的产品线得以优化。

（4）更新策略。

对于一个公司来说，如果其产品长度适当，但是在经济技术条件不断升级的情况下，那么这个公司必须对自己的产品进行更新，满足时代的发展需要。在更新产品时，公司经营人员的眼光不仅要放在市场之上，还要针对内部结构进行全面分析，提出更有效、更全面的策略，以满足市场的需求。

（四）产品线延伸策划

产品线延伸是指在企业原有产品线中加入新的产品项目，使其不同于原有产品项目的市场定位，争取新客户。不管企业有几条产品线，都会面对产品延伸问题。因为产品延伸更多地涉及营销职能，且不涉及产品组合宽度或企业发展方向的改变，所以，营销部门在产品延伸决策中不仅有很大的发言权，而且有很大的决策权。

产品线延伸的关键是通过加入新的产品项目及其新的市场定位，满足更多细分市场上顾客的需求。每个企业生产经营的产品，都有其特定的市场定位。例如，在汽车市场上，宝马定位在高档车市场，大众的别克定位在中档车市场，而奇瑞则定位于低档车市场。如果这些企业想通过产品线延伸向其他的细分市场渗透，宝马可以向下延伸，奇瑞可以向上延伸，别克则可以双向延伸。

1. 向上延伸

向上延伸是指企业原来生产低档产品，后来决定增加高档产品。采取这种策略的主要原因有：①高档产品更畅销，销售增长更快，利润率更高；②企业估计高档产品市场上的竞争者较弱，易于被击败；③企业想使自己成为品种齐全的生产者。

企业采取向上延伸策略也有风险，如可能迫使高档品牌的生产者进入低档产品市场，对自己形成威胁；客户可能不相信企业的能力，因此不认可其生产的高档产品；企业销售代理商和经销商可能没有能力经营高档产品。

2. 向下延伸

向下延伸是指企业原来生产高档产品，后来决定增加低档产品。企业采取这种策略的主要原因有：①高档产品的销售增长缓慢，因此需要在产品线中开发中、低档产品提高销售增长率；②高档产品受到竞争者的挑战，通过向低档产品市场渗透的方式反击；③最初进入高档产品市场是为建立一个高质量的品牌形象，目的是成功后开发中、低档产品；④增加低档产品是为了填补市场空隙，使竞争者无机可乘。

企业在采取向下延伸策略时要注意：向下延伸有可能损害企业原有高档品牌的形象（企业可以考虑使用新品牌）；向下延伸不仅可能导致激烈的价格竞争，而且会因为原有低档产品生产者的反击（如生产高档产品，争夺高端市场）而威胁自己原有的高档品牌。因为经营低档产品所得利润较少，所以企业原有的经销商可能不愿意经营低档产品。如果企业开拓新的营销渠道，一方面，会增大营销成本；另一方面，可能会引发营销渠道冲突。

3. 双向延伸

双向延伸即原定位于中档产品市场的企业掌握了市场优势以后，决定向产品线的上下两个方向延伸，一方面，增加高档产品；另一方面，增加低档产品，扩大市场阵地。产品线双向延伸可以使企业占领更多的细分市场，满足更广泛的市场需求，增强产品线的竞争力。

但是，产品线并不是越深越好。产品线过深，有可能带来产品线过深综合征。例如，一些产品项目销售额很低，对企业业绩的贡献很小；一些新引入的产品项目虽然有一定的销售额，但是会使其他产品项目的销售额大幅下降或使原有的产品项目迅速老化、过时；资源被较多地投入到销售额和利润额都很低的产品项目中。

二、产品生命周期

任何一种产品都有从产生、发展直至消亡的过程。当市场上出现一种价廉物美的或品质优越的新产品时,它必然会代替落后的老产品。这是市场营销的一般规律。因此,企业在确定产品计划和发展新产品时,必须认真地研究和掌握产品生命周期(Product Life Cycle,PLC),从而根据产品不同的生命周期阶段来确定相应的市场营销策略。

(一)产品生命周期的常见类型

产品生命周期是指产品的市场寿命。一种产品进入市场后,其销售量和利润都会随时间的推移而改变,呈现一个由少到多,再由多到少的过程,就如人的生命一样,由诞生、成长到成熟,最终走向衰亡。这就是产品的生命周期现象。产品生命周期的常见类型如图4-5所示。

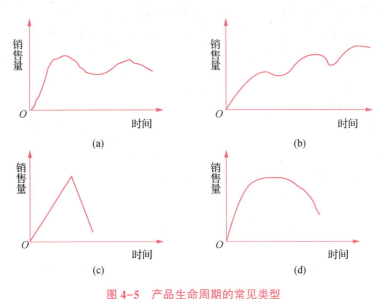

图4-5 产品生命周期的常见类型
(a)循环型;(b)扇型;(c)时潮型;(d)流行型

1. 循环型

循环型又称为"循环—再循环"型。例如,当某种保健品推出时,企业通过大力推销,使其销量出现第一个高峰,然后销量下降;企业再次发起推销,使其销售出现第二个高峰。一般来说,第二个高峰的规模和持续时间都小于第一个高峰。

2. 扇型

扇型产品生命周期的特征是不断延伸再延伸。其原因是产品不断创新或发现新的用途、新的市场,所以有连续不断的生命周期。例如,尼龙的寿命周期就呈扇型,因为其不仅可制成降落伞,还可用来做袜子、衬衫、地毯等,所以其生命周期一再延伸。

3. 时潮型

时潮型产品的生命周期则是快速成长又快速衰退的，其生命周期较短，如跳跳糖等。其原因在于，时潮型产品只是满足人们一时的好奇心或标新立异而存在，并非必需需求。

4. 流行型

流行型产品刚上市时只有少数消费者感兴趣，然后随着少数消费者的使用和消费，其他消费者也发生兴趣，纷纷模仿这种流行的领先者。最终，产品被消费者广为接受，进入全面流行阶段。最后，产品缓慢衰退，消费者向另一些吸引他们的流行型产品转移。因此，流行型产品的特征是成长缓慢，流行后保持一段时间，然后又缓慢下降。

（二）产品生命周期的营销策略

在产品的不同生命周期阶段，企业在进行营销策划时也应区别对待，因此，正确判断产品项目的生命周期阶段以及对其进行正确的产品结构调整就显得尤为重要。由于品牌生命周期阶段与整个市场上该产品项目型号生命周期阶段并不完全吻合，因此，给企业设法让自己产品的生命周期阶段领先或滞后于整个市场该产品项目的生命周期阶段提供了理论依据。根据这一点，企业应设法做到以下几个方面：

1. 投入期营销策略

新产品投入市场便进入介绍期，此时由于消费者对产品还不了解，只有少数消费者可能购买，销量很低，而且企业为了提升知名度，要花费更多的促销费用，因此利润很低甚至亏本。企业在这个阶段主要考虑的是：①以什么价格向市场推出产品；②对产品采取什么水平的促销。根据企业对促销和价格的不同组合，可以有以下4种营销策略。

（1）快速掠取战略。这种战略就是对产品定一个高价，然后用高水平的促销手段来快速占领市场。实施该战略必须具备的市场条件有：该产品的购买者愿意支付高价；目标市场上的客户大部分都不熟悉这种产品；企业有很多的潜在竞争对手。

（2）慢速掠取战略。这种战略是对产品定高价格，但是却采用低水平的促销方式向市场推出产品。采取这种方法的条件是：目标市场的消费者大部分已对该产品比较了解；总体市场规模较小，采用较低的促销方式，就足以传播信息；该产品市场有较高的进入壁垒；购买者愿意出高价。我国的计算机行业的初始阶段，正是采用了这种战略。

（3）快速渗透战略。这种战略采取低价格与高水平促销相结合的方式进行，以迅速占领市场为消费者接受。这种战略必须具备的条件是：市场规模大，目标市场上大部分顾客对产品不熟悉；该市场上，产品的需求富有价格弹性；竞争者较多。

（4）慢速渗透战略。这种战略是采取低价策略的同时又采用低水平促销方式，向市场推出产品。采用该战略的条件是：市场规模大；目标市场上的消费者对这种产品已经熟悉；有一些潜在竞争者。

2. 成长期营销策略

在产品成长期，企业主要考虑的是如何维持较高的市场增长。在战略方面有以下几种选择：

（1）对产品进行改进，提高产品质量，以保持顾客的吸引力。例如，为产品增加新的功能，改变产品款式等。

（2）应积极开拓新的细分市场，通过细分市场，找到新的尚未满足的子市场并进入。

（3）建立新的分销渠道，加速销售。

（4）适当改变企业的广告目标，从介绍和传达产品信息变为说明与诱导消费者接受及购买。

（5）采取在适当的时候降价的策略，以吸引一部分对价格敏感的消费者。

3. 成熟期营销策略

在产品成熟期企业的战略重点应是保持已取得的市场份额。因此，企业应主动出击，使成熟期延长，或者使产品生命周期再循环。为此，企业可采取以下几方面的策略。

（1）调整市场。调整市场的目的是力争充分挖掘现有细分市场和产品市场的潜力，以求进一步扩大销售量。因此企业可从两方面努力，即扩大使用人数和增加使用频率。

（2）调整产品。这种战略是通过产品自身的调整来满足顾客的不同需要，吸引有不同需要的顾客。对产品的调整可通过调整产品的质量、风格、特点和服务来实现。

（3）调整市场营销组合。对于营销组合可以采取的措施有：在价格方面，企业可以通过减价，或者加大价格的数量折扣、提供更多的免费服务等方法；在分销方面，企业可以建立新的分销网或渗透到更多的分销网中，以增加产品的市场覆盖率；在广告方面，可以重新设计广告或改变广告的创意，吸引消费者的注意力；在促销方面，采取更灵活的方式。

4. 衰退期营销策略

在产品衰退期企业应考虑的问题是：坚持现在已老化的产品还是放弃这一产品？此时，适宜的策略有以下几种：

（1）继续策略。继续沿用过去的战略，仍按原有的子市场使用相同的分销渠道、定价和促销方式，直到这种产品完全退出市场。

（2）集中策略。把企业能力和资源集中在最有利的子市场上。

（3）收缩策略。有选择地降低投资态势，抛弃无希望的消费者群体，同时，向有利可图的领域增加投资。

（4）放弃策略。放弃经营该项目业务或产品，迅速处理掉该项目产品所占用的资产。

三、产品品牌规划

伴随着消费者强调自我和个性需求的追求，市场日益转向多样化、个性化、细分化和复杂化，企业间的竞争也由规模实力竞争、质量竞争、技术竞争逐步转向销售手段竞争、服务竞争、品牌竞争，中国的消费市场已逐步从"商品消费"进入"品牌消费"。在"品牌消费"时代，企业能否培育出自有品牌并将其塑造成知名品牌，将决定其在市场上竞争力的低。加强品牌规划管理与运营已成为时代的要求以及成为企业现代化和成熟程度的重要标志。

（一）品牌的规划与塑造

在一个由众多企业、产品组成的市场汪洋中，如何让消费者识别、记住、忠诚于你的企业与产品，靠的是品牌。在过去的 30 多年里，对从计划经济向市场经济过渡的中国企业来讲，品牌经营从无到有，由弱到强，取得了令人瞩目的成效，是令人欣喜的进步，但随着国内市场国际化竞争的加剧，一些民族品牌惨遭肢解（不是被抢注商标，就是被收购、被挤垮），真正发展成为知名品牌的极其有限。一个地区或企业如何去塑造一个强势品牌、知名品牌，已成为政府、企业在其长期发展战略中不可或缺的环节，是国内企业界面临的迫切问题。纵观发达国家企业塑造品牌的历程，均经历规划培育品牌、发展品牌、经营品牌 3 个阶段。

1. 企业品牌规划要素

第一，目标性，即拟定的市场与消费群体。通过导入企业形象识别系统（Corporate Identity System，CIS），企业可以树立产品包装设计理念，强化产品外形象设计、品牌性格设计。也就是说，一个企业的品牌战略推展过程，是一个规划、计划与策划的过程，同时，品牌的规划、计划与策划必须针对消费者、竞争者及其品牌、产品，要切实避免硬碰硬的对抗。具体而言，就是企业对消费者的分析不能仅停留在数据分析阶段，必须加强与消费者的共鸣性与互动性；对竞争对手的分析必须有"区隔观念"，即审视自己企业的优劣态势，给自己的品牌赋予独特的内涵。

第二，品牌推展措施必须具有可操作性。品牌要获得消费者认同乃至依赖，必须先让自己的员工与合作者（包括上下游供应商）认同。如果企业内部对品牌的理解不统一，那么就谈不上创建和塑造品牌，品牌发展与延伸也将成为空谈。世界上不少知名企业为了加强员工的认同度，不仅在战略上、策略上进行缜密规划，而且还制定了许多可操作的规章条例，以便企业内外参照与了解。

第三，品牌的标识要简单明快、通俗易记。总之，品牌形象识别系统在技术设计上要具有科学性、前瞻性、包容性、系统性。

第四，避免品牌仅表达固定的产品属性，必须具有较强的延伸能力。因为固定的产品属性只能产生短期的、易于仿效的品牌优势。

第五，远景与诉求必须贴近人们的心理需求，培育自有品牌，最终目标是塑造强势品牌。只有定位高远，才能成为强势品牌，而强势品牌不仅要表达产品功能，而且要有情感诉求点（能帮助消费者表达自己的情感）。纵观中外强势品牌，其生命力都在于打动人心。心理学研究认为，人对环境的性质的认识往往有"成见效应"，不加分析地使用最初期的印象来判断、推论其品质，表现出一种成见，即如果第一印象好，则所有与此有关的事都好。

学习参考

品牌已经超越了区别于竞争者的功能，品牌代表着卖者对交付给买者的产品特征、利益和服务的一贯性的承诺。另外，品牌还是企业形象和文化的象征，消费者从形象和文化中，能感受到消费该品牌产品带来的心理上的价值和利益。品牌是一种复杂的符号，蕴藏着丰富的市场信息，可以从以下6个方面来深刻理解品牌的内涵。

（1）属性。品牌代表着特定的商品属性，这是品牌最基本的含义。例如，"奔驰牌"意味着昂贵、工艺精湛、马力强大、高贵、转卖价值高、速度快等。公司可以采用一种或几种属性为汽车做广告。多年来，"奔驰"的广告一直强调它是"世界上工艺最佳的汽车"。

（2）利益。品牌不仅代表着一系列属性，而且还体现着某种特定的利益。客户不是购买属性，而是购买利益，因此，属性需要转化成功能性或情感性的利益。耐久的属性可转化成功能性的利益："很多年内我都不需要买新车。"昂贵的属性可转化成情感性利益："这辆车让我感觉到自己很重要并受人尊重。"制作精良的属性可转化成功能性和情感性利益："一旦出事，我会很安全。"

（3）价值。品牌体现生产者价值。例如，"奔驰"汽车代表着高绩效、安全、声望等。品牌的市场营销人员必须分辨出对这些价值感兴趣的消费者群体。

（4）文化。品牌代表着一种文化。例如，"奔驰"汽车代表德国文化：组织严密、高效率和高质量。

（5）个性。品牌反映出个性。例如，"奔驰"汽车可能会让人想到严谨的老板、凶猛的狮子或庄严的建筑。

（6）用户。品牌暗示着购买或使用产品的消费者类型。例如，通常情况下，人们会认为开"奔驰"的人会是年纪相对较大的高级经理，而不是年轻白领。

2. 建立品牌的要素

实施品牌战略的最终目标是创立名牌，即创立著名商标和驰名商标。任何一个品牌的创立，均要走过产品和商标相互作用和相互统一的过程。品牌的核心是具有能让消费者满意的产品质量。

建立品牌的第一要素是严格的质量管理体系——生产出使消费者"用得放心"的产品。这是企业品牌创立与管理的最基础的工作。

建立品牌的第二要素是依靠企业自身具备一定的技术实力与较强的经营管理能力，即具有不断开发产品的实力，能满足消费者日益变化的需求和社会变迁，只有这样才能保持品牌的价值增量与企业的成长，保持旺盛的品牌生命力。

建立品牌的第三要素是靠优质的售前、售中、售后服务。服务的好坏直接影响消费者对品牌评价与认同度的高低。建立品牌必须以消费者价值的增量为基点，优质高效的服务是品牌生命力的重要保障。

学习参考

宏碁集团把品牌战略推展过程视为其二次创业。宏碁集团（以下简称"宏碁"）成立于1976年，是一家从事计算机及其相关技术的研发、生产和销售的企业。宏碁创立24年来，从一个只生产计算机配件的小企业发展成自创品牌的国际型大企业，不得不说这是一个奇迹，而开启这奇迹之门的金钥匙则是其在20世纪80年代的那次导入CIS的品牌策划。1986年，即宏碁创立10周年之际，其领导人施振荣为了加速宏碁产品参与国际市场竞争，争得更大的生长空间，不惜重金聘请美国奥美国际广告公司来重新审视宏碁的品牌战略，实施新一轮的品牌策划与管理工程。奥美国际广告公司和宏碁高层管理者为此专门建立了CIS委员会来负责整个企业营销战略、企业文化、经营哲学乃至品牌的策划。CIS委员会成立后，立即对公司进行全方位的调查。结果显示，宏碁缺乏一个国际性的统一形象，企业标志不能反映经营理念，无法在消费者心中留下稳固深刻的印象；产品缺乏定位，营销战略不明确……为了摆脱其地域性的狭隘形象，建立一个富有开拓精神的国际企业形象，委员会确立了"全球品牌，结合地缘"的经营策略，把企业定位在国际性公司的起点上，目标是全球市场。在"全球品牌，结合地缘"战略的推展过程中，宏碁将原来的品牌名称Maltiech改为ACER。ACER源于拉丁语，表示敏锐、鲜明、活泼、有洞察力的意思。在英语中，ACER来源于ace（王牌），有杰出、卓越的含义，这与公司所从事的高科技行业十分吻合，ACER简洁清晰，易于流传。另外，在列举厂名或品牌名时，人们习惯从字母顺序排列，ACER的第一个和第二个字母均排列在前，有助于宏碁在媒体中排名在前，易于加强消费者的印象。宏碁在这次CIS策划中的品牌革新成为其二次创业的标志，如今ACER终于如策划者所愿，成为家喻户晓的国际知名品牌。

（二）企业品牌管理

1. 品牌管理步骤

企业创出品牌后，并不能高枕无忧，出于生存与发展的需要，还应对品牌进行有效的管理。品牌管理应遵循一贯性、差别性、全面性等基本原则。品牌管理步骤包括品牌产品力管理、品牌市场力管理、品牌形象力管理、品牌组织力管理等内容。

品牌管理的目的在于通过细分市场找到自己的独特性，建立自己的品牌优势，并获取利润。品牌能够在市场上脱颖而出，企业必须更新观念，避免只重媒体宣传、促销等短期行为，还应要重视品牌的延伸性管理。若管理不到位，则不利于企业树立统一形象、易造成视觉差错。企业在注重培育自己品牌的同时，更应注意保护好自己辛苦创立的品牌。

2. 品牌管理与维护要素

（1）品牌管理的目标设定。

品牌管理的目标有3个：品牌的增值（品牌创利能力）；品牌的延伸与潜力挖掘（扩大品牌的获利范围）；延长品牌的作用时间（防止品牌随主导产品的过时而失去依托，造成品牌价值的流失和浪费）。

品牌的创利能力取决于品牌利润率（产品利润率减去行业利润率）和销售收入。创利能力是品牌价值的基本体现。世界上最有价值的品牌,一般都拥有明显高于同行的市场占有率和价格水平,即品牌管理的目标是寻求品牌创利能力最大化在于增加与扩张品牌作用空间,即积极而又稳妥地将现有品牌名称扩展到新的产品和新的市场,扩展品牌的作用范围,以增加企业价值;延长品牌的作用时间。

(2) 品牌管理标准的确立。

知名品牌是经过长期的市场竞争,以始终如一的品质标准、完善的售后服务被消费者认可的品牌,而不是政府或行政主管部门评出来的。知名品牌无终身,消费者的需求永远是喜新厌旧的,企业只有不断创新,从品质、功能、外观、款式、包装、服务等方面不断地充实品牌的内涵,企业才能不断发展,品牌才能常青不坠;否则即使有了知名品牌,也只是昙花一现。

(3) 品牌管理的业务团队建设。

品牌管理与保护必须基于公司高层管理者的高度重视(视为第一生产力)。最高管理者(首席执行官或总裁)应该是品牌领袖,是品牌的主要倡导者。建立强有力的品牌管理团队,一方面,有助于企业快速扫清组织上的障碍。例如,许多高科技公司,因为其高层管理者是技术人员出身,缺乏品牌管理和从事营销工作的背景,所以多聘请有营销经验的专家作为品牌管理经理,甚至有些企业基于品牌管理经理无法对有很大经营自主权的分公司经理发号施令(被挤在决策层外,致使品牌管理踏空)而采取由不同的利益相关群体派出代表成立一个品牌管理小组,以免品牌管理经理的行为受到阻挠。另一方面,有益于妥善处理突发事件对品牌的伤害。

学习参考

1985年4月23日,可口可乐公司为阻止消费者纷纷投向竞争对手百事可乐公司的势头,将自己传统口味的碳酸水进行革新,推出一款新的、更甜的配方。这一举措引发了营销史上最强烈的消费者不满事件,仅77天,可口可乐品牌价值下跌30%。这次品牌雪崩对可口可乐公司造成了重大伤害。管理专家指出:"造成这场灾难的原因之一是公司内部缺乏一支强有力的品牌管理团队,使危机加深。"

(4) 时时检验品牌。

品牌管理的目标在于时时收集与品牌有关的信息并借此了解产品及其与消费者之间的关系,掌握消费者到底是如何认知企业品牌的。

(三) 企业品牌的运营

品牌实质上代表着企业对消费者的一贯性承诺。美国著名质量管理专家米兰博士认为"质量是品牌打开市场大门的钥匙,是品牌运营的核心所在。"品牌的生命力在于创新,品牌运营必须植根于创新,以创新提升品牌,使品牌更具吸引力与感召力,永葆生命力。随着企业间的竞争由产品力竞争转向销售力竞争与形象力竞争,品牌运营已从简单的广告投放转向科学管理与运营。

1. 品牌运营的基准

品牌定位是品牌运营的基准。当今市场上消费者需求越来越趋于个性化的特征，品牌的科学定位成为品牌能否保持健康旺盛生命力的前提与基础，即品牌必须具有鲜明的个性，与竞争品牌有质的区别，必须具有独特的差异性优势。例如，麦当劳的品牌定位是有价值、好时光；海尔的品牌定位是真诚、信赖；麦斯威尔咖啡的品牌定位是分享等。

品牌定位的确定就是品牌运营的基准，只有定位准确，才能使企业活动保有一致性，才能使品牌资产得以有效积累，同时，消费者才有机会随时随地自然地把自己的相关需求与品牌联系在一起，达到"过滤竞争品牌"和"先入为主"的效果。

2. 品牌运营的目标

品牌蓝图规划是品牌运营的目标。品牌定位的确立使得品牌运营有了基准，但品牌的运营必须有既定发展的方向，即品牌蓝图与品牌发展的愿景。若要使消费者与品牌之间建立起独特的关系，企业就必须给消费者一个具体真实的"图像"。为此，品牌运营的策略必须根据品牌蓝图来制定，即要率先进行品牌蓝图的描绘，找出品牌与消费者之间相连的最佳利益共同点。

在这方面，现代企业大多借助于广告推广，因为广告就是不断地描绘品牌蓝图并期望在消费者心中建立品牌蓝图。基于此，许多企业寻求广告投入的产出比（影响力）最大化而采取外包（交给专业化品牌宣传推介公司运营）形式。

品牌战略需要打持久战，需要经过几代人的努力，只有视质量为生命，以创新求发展，才能创品牌、创名牌。只有以提高品牌知名度、可信度为管理、运营的切入点并以完善品牌美誉度为指数，以提高品牌忠诚度为目标，扎扎实实培育品牌，才能使品牌健康稳步地发展，发挥它超值的魅力。

（四）企业品牌策划的常见错误认识

现在社会各界都在谈品牌，企业希望把自己的品牌做起来，因为若把品牌做好，国家在政策上就能给予很多支持，但当前的品牌观念存在很多误区，很多人对品牌的认识并不清晰，造成企业品牌策划的模糊、随意，产生的结果自然也不尽如人意。

1. 认为品牌就是商标

商标是产品经营者在其产品上使用的，以区别其他经营者产品的一组由文字、图形或文字和图形组合构成的，代表一定产品内涵的，具有显著特征的标志或标识。商标实质上是一种法律名词，是指已获得专用权并受法律保护的一个品牌或一个品牌的一部分，而品牌是一个市场概念，更多的是来源于消费者对产品或服务的记忆、感受、信赖和前述的综合经验。

2. 认为产品就是品牌

企业做产品，产品有产品的价值；做品牌，品牌也有品牌的价值。品牌的发展离不开产品，但是品牌又不同于产品。产品是由厂商制造，内容可客观分析；而品牌更多的是由消费者购买，价值由消费者主观认定的。所以既然要塑造品牌，品牌就要有单独的价值。产品满足的是消费者利益的需要性或需求性；而品牌满足的虽然也有消费者利益的需求性，但更多满足的是欲望性。

3. 认为品牌只是自己塑造出来的

许多企业非常重视品牌的作用，认为只要投入大量的金钱就可以做大做强品牌。其实不然，品牌的成长固然离不开企业的投入和建设，但这并不意味着只要投入和建设就可以把品牌树立起来。由于品牌建立的首要条件就是被消费者认同，而这种被认同的价值是由很多元素组合的，是需要时间的，因为这不仅是一个简单的利益价值认同，更是一个心理情感的价值认同，并且需要通过公共关系等多种手段塑造而成。

4. 认为做品牌就是打广告

中国每年的广告总收入超过 1 000 亿元，可是绝大部分都以失败告终。很多企业认为，品牌是广告堆出来的，通过"烧钱"、大量做广告就可以建立品牌。这种认识是片面的。品牌不是广告堆出来的，而是需要以企业的综合实力做支撑，如果一味增加广告投入而忽视企业经营的基本层面，不但无法得到消费者的喜爱和信赖，反而会影响企业的长远发展，树立品牌也就成了一句空话。

5. 认为品牌建设可以一劳永逸

与产品一样，品牌也有生命周期，会经历一个从问世、成长到成熟、衰退并逐渐消失的过程，所以，将品牌视为一劳永逸的"铁饭碗"，对其缺乏必要的管理和经营，只能加快品牌的衰落。成功的品牌需要有不断创新的品牌理念为支撑，同时，这种理念也需要与市场发展相适应。此外，企业也需要不断地改进技术、创新管理、研发新产品，不断根据市场的需求调整企业的战略方向。企业只有将战略规划及品牌理念与市场发展保持一致，才能确保品牌立于不败之地。

6. 认为品牌建设可以速成

在全球范围内，几乎所有的著名品牌都经历了很长时期的发展过程。例如，可口可乐品牌有近 120 年的历史；西门子品牌的历史长达 158 年；路易·威登品牌有 152 年的历史。雀巢咖啡已经经历了 140 年的发展历程。由此可见，独特的品牌内涵往往需要长时间积淀，需要企业形成自己的核心竞争力、先进的理念、独特的企业文化及经得起考验的信誉度。仅依靠炒作一夜成名或靠仿造冒充他人，都难以实现成功的品牌建设，强大的企业实力仍然是品牌建设的必备后盾，短时间形成的品牌很难实现长久发展，而那些具有悠久历史的著名品牌则随着时间的流逝越加被消费者信赖。

（五）企业提升品牌价值策略策划

品牌价值无疑是企业无形资产中的重要组成部分。越来越多的企业管理者认识到，一个有实力的品牌可以使企业获得更多的超额利润，也可以使股东手中的股票不断升值，而如何提升品牌价值则更是企业关注的重要议题。

1. "强强"联手战略

品牌价值的提升同样也可以通过与其他品牌联手来迅速地扩展自己的品牌形象，从而创造更多的附加值。对于知名的国际级大企业，它们往往很善于利用其在各自行业中的强大品牌号召力和市场优势，与其他行业的领导者进行"强强"品牌联手，以期在更大的市场深度和广度上进行扩展，来强化自己的品牌形象。由于这种联手往往是基于合作双方或多方的品牌共赢，因此也较容易得到来自合作伙伴和市场的积极反馈。

大企业之间的联手可以帮助它们在新市场迅速确立品牌价值。同样，中、小企业也可以运用这种方法，通过与具有强大品牌知名度的企业结成联盟，依托他人优势提升自身品牌价值，而其中最为关键的是找准合作的契合点，发挥自己的相对优势。早年的联想集团、四通集团公司就是依靠自身的相对优势与国际知名大企业合作，站在巨人的肩膀上成长，才树立起自己今天的品牌。

学习参考

> 星巴克作为咖啡快餐业知名品牌与联合航空公司携手，一方面，拓展了新的业务领域，使自己的产品覆盖到更广的市场利基；另一方面，也正是由于这种优势合作，使它们在各自领域中的品牌价值得到了确实的提升。事实证明，许多原来的忠实客户正是由于联合航空的新举措，现在变成了联合航空的顾客，而现在星巴克的许多"拥护者"也是在联合航空上结识并开始"钟情"于这一"咖啡之星"的。另一个经典案例则来自英特尔公司，它与微软携手打造的"WINTEL"帝国为它们带来了超大的市值、丰厚的利润以及最有实力的一流品牌。

2. "创牌"与"买牌"

根据一家国际权威机构的分析报告显示，创立一个国际名牌，仅媒体投入就至少需要2亿美元。如果某家企业试图进入一个全新市场，或者另一个国家的市场，其在品牌拓展上无疑将投入更为巨大的财力和精力，而且还要遭遇原有市场各种力量的排挤。这时，运用资本的力量拓展品牌、提升品牌价值就成为一些企业首选的策略。

3. 搭乘"顺风车"

搭乘"顺风车"就是要善于通过借势来提升品牌，把前期开拓和最为艰苦的事情让别人去做，而自己依靠个体优势去摘别人的已有成果。"搭车"策略较适用于中小企业，具有快速、灵活、有弹性的特点。面对新机会可以快速切入，而不必过分考虑新市场的进入是否沿袭了其以往风格，会不会对其他产品产生消极影响。

4. 渠道密集渗透

拓展、提升一个品牌首先就要让你的目标及潜在客户经常见到你的品牌，因为品牌价值最终要归结到用户的购买行为上，而要使客户完成购买行为就要降低实施这一行为的成本，包括心理成本和行为成本，即要让客户比较容易想到企业、熟悉企业、买企业产品时少一些担心和不信任，之后在想到你时比较容易地买你的产品。若要达到这种效果，则需要强有力的渠道支持，特别是要"密集"销售终端，以加大对区域市场的渗透。

5. 品牌扩展策略

企业可以在不同产品质量档次上实施扩展策略：在产品线上增加高档次产品生产；在产品线上增加较低档次产品生产；双向扩展，原定位中档产品市场，在优势具备后再决定向两个方向扩展，同时，可以实施扩展策略：单一品牌可以扩展到多种产品，成为系列品牌；一国一地品牌可以扩展到世界，成为世界品牌；一个品牌再扩展衍生为另一个品牌；名牌产品可以扩展到企业形象塑造上，使其成为品牌企业。

四、产品外形包装

（一）包装策划的概念

产品包装是指在产品的流通过程中为了保护产品、方便储运、促进销售，按一定技术方法而采用的容器、材料及辅助物等的总体名称；也指为了达到上述目的而采用容器、材料和辅助物的过程中施加一定技术方法等的操作活动。

产品包装在从产品生产领域转入流通领域的整个过程中起着非常重要的作用，其主要功能有保护功能、容纳功能、便利功能和促销功能。

（二）包装策划的原则

1. 符合法律法规

包装设计必须符合法律法规，如在包装上应注明企业名称、地址、生产日期、保质期等，而且还应采用无污染材料。

2. 体现产品特征

包装首先要使消费者一目了然包装内为何物，具有什么特色，能为消费者提供什么功能。另外，为突出产品特色，企业还要对包装进行艺术加工，给人以美感，引导消费者产业消费欲望。

3. 便于保管运输

包装应考虑保管储存的方便、包装材质的选用要考虑到保管仓储叠放的可行性，形状大小也要尽量减少占用的空间位置，包装还要便于运输安全，方便装卸，防止运输时发生震动而对产品造成损伤。

4. 避免过度包装

一流产品、二流价格、三流包装的情况曾在很长一段时间成为我国产品在国际市场滞销的原因，因此包装要避免简单化倾向。但产品包装更应符合内容与形式统一的原则，不能在形式上追求过度的华丽富贵，而与内容物不相一致，使消费者购买后有上当受骗的感觉。包装价值一般不应超过内容物价值的 13%～15%；否则，就会陷入过度包装的境地，既浪费大量包装资源，又使消费者花费过多的包装成本。

5. 尊重风俗信仰

包装的文字、图案、色彩应尊重不同国家和地区消费者的不同风俗习惯和宗教信仰，不应出现有损于风俗习惯和宗教信仰的情况。

6. 便于携带使用

为便于消费者使用，将包装设计成提包、拎包等形式是一种较好的方法。此外，包装策划时还要考虑消费者不用工具就可以方便地自行拆封使用，避免发生徒手难以启封使用的尴尬情况。

(三)产品包装策略

1. 类似包装策略

类似包装策略又称为统一包装,是指企业生产的各种产品在包装上采用相同或相似的图案、标志和色彩,以体现共同的特征。其优点在于:能节约包装的设计和印刷成本,树立企业形象,有利于新产品的促销。该策略一般只适用于品质较为接近的产品,如果企业的各种产品品质过分悬殊,则有可能影响到优质产品的声誉。

2. 再使用包装策略

再使用包装策略又称为多用途包装、复用包装是指原包装内的商品用完后,包装物还能移作他用,如啤酒瓶、喝完之后可以做水杯使用的果汁瓶等。这种策略可以节约材料,降低成本,有利于环保;同时,包装物上的商标、品牌标记还可起到广告宣传的作用。

3. 组合包装策略

组合包装策略又称为配套包装,是指按照人们消费的习惯,将多种相关产品配套放置在同一包装物中出售,如工具箱、救急箱、化妆包、针线包等。这种策略可以方便消费者的购买和使用,有利于促进企业产品销售,但要注意的是,不能把毫不相干的产品搭配在一起出售,更不能趁机搭售积压或变质产品,坑害消费者。

4. 等级包装策略

等级包装策略又称为多层次包装,是指将企业的产品分成若干等级,针对不同等级采用不同的包装,使包装的风格与产品的质量和价值相称,以满足不同层次消费者的需求。例如,对送礼的商品和自用的商品采用不同档次的包装等。这种策略能显示出产品的特点,易于形成系列化产品,便于消费者选择和购买,但包装设计成本较高。

5. 附赠品包装策略

附赠品包装策略是指利用顾客的好奇和获取额外利益的心理,在包装物内附赠实物或奖券,来吸引消费者购买。这种策略对儿童尤为有效,如在儿童饮料或食品包装中放入图片或小型玩具等。我国某企业出口的"芭蕾珍珠膏",在每个包装盒内附赠珍珠别针一枚,顾客购买50盒,就可以串成一条美丽的珍珠项链,使珍珠膏在国际市场上十分畅销。

6. 改变包装策略

改变包装策略又称改进包装,是指企业产品的包装要适应市场的变化,加以改进。当一种包装形式使用时间过长或产品销路不畅时,可以考虑改变包装设计、包装材料,使用新的包装,从而使消费者产生新鲜感,促进产品销售。

7. 绿色包装策略

绿色包装策略又称为生态包装,是指包装材料可重复使用或可再生、再循环,包装废物容易处理或对环境影响无害化的包装。随着环境保护浪潮的冲击,消费者的环保意识日益增强,绿色营销已成为当今企业营销的新主流。而与绿色营销相适应的绿色包装也成为当今世界包装发展的潮流。实施绿色包装策略,有利于环境保护及与国际包装接轨,易于被消费者认同。例如,某食品企业将产品包装由塑料纸改为纸包装等。

第四章 产品品牌包装

知识回顾

本章主要探讨了产品、品牌、包装3个方面的营销策划内容,是产品竞争战略内容的延伸。也就是说,产品、品牌、包装3个方面的策划内容要依据企业做出的竞争战略,以其为根基,在不妨碍既定竞争战略的前提下,可以灵活运用本章中提出的产品、品牌、包装策划方式。

拓展阅读

追求质量多元化的格兰仕

1999年,踏入微波炉行业不足10年的广东格兰仕集团有限(以下简称"格兰仕"),畅写一路传奇,在不经意间掠走无数惊异的目光。

1. 做大——向极限挑战

1999年,是格兰仕的规模建设年,其专业化、规模化魅力喷薄而出。

车间、仓库,一幢连一幢拔地而起;优质原材料、现代化生产装备,一批接一批运入厂房……随着其全球战略的全面拉开,格兰仕专注于微波炉行业,集中有限资源,迅速扩大生产,产销规模由1998年的450万台剧增到1999年的600万台;格兰仕微波炉在海内外全面热销,更推动了其年产1 200万台的超大规模微波炉生产基地提前启动。

微波炉生产工艺较电风扇等家电复杂,属于技术密集型产品,特别在微波炉行业进入微利时代后,只有扩大产量,形成规模,企业才能赢得保持成长的利润空间。格兰仕在创造规模优势的同时,积极挖掘利用自身技术消化和创新的能力,坚持走质量效益型的道路,低成本扩张,高效率发展。格兰仕在规模迅速膨胀的情况下,能始终奉行质优价廉的战略并及时以各具特色的微波炉高新技术产品供应市场,正是其求实求精的写照。

2. 做精——拒绝品质浮夸风

产品是企业的开路先锋,尤其是在全球市场逐步一体化后,不能根据市场需求及时拿出货真价实的产品的企业,只能接受被淘汰出局的结果。拥有全球规模最大的微波炉生产基地的格兰仕,生产出了世界最先进的微波炉。

1999年在趋于白热化的市场竞争中,格兰仕依托独有的规模优势,进一步增强全员质量意识,严格按ISO9001国际质量管理和质量保证标准化体系组织生产和管理。在格兰仕的员工眼中,从新技术开发到产品设计、制造工艺的创新,从零部件的进厂把关到成品的出厂检验,每一步都重要。仅1999年,格兰仕投放在技术开发上的资金就过亿元,并在美国建立了"格兰仕微波炉"研究所。

牢固"优等品率100%"的质量目标,坚持步步与国际接轨,格兰仕推出的700、750、900等系统微波炉产品质量、技术含量、工艺造型、性能价格比都在同档次产品中占尽先机。1999年是格兰仕硕果累累的一年:精巧福临门系列,750、900中高档健康安全系列,

87

目前世界最先进的多系统遥控遥感系列,造型独一无二、性能出类拔萃的黑金刚系列,不仅令格兰仕独领风骚,更为格兰仕跻身于世界微波炉行业铺平了道路。据1999年国家质量技术监督局公布的抽查结果显示,格兰仕微波炉质量上佳,又被评为合格产品,是通过所有26个项目抽查的3种产品之一,并因此成为同行业中唯一一个连续多年国家权威质量抽查全部合格的品牌。

3. 做强——市场上显高低

1999年,推陈出新的微波炉产品及其全方位立体化的配套服务为格兰仕创造了源源不断的市场需求,实现了生产、销售一条龙。

从消费者角度出发,依托自身规模、技术等比较优势,格兰仕推出了上百个适合不同消费层次的微波炉产品,在行业生产过剩及近30个中外品牌前后夹击的严峻形势下,以畅销型号和合理价位占有国内七成左右市场份额。其产品以卓越的性能、突出的性能价格比成为各档微波炉市场的主导产品,在淡季创出了淡季不淡的喜人景象。

9月和10月,进入销售旺季后,格兰仕又在全国各地同时掀起销售高潮,黑金刚系列、遥控遥感系列等高档新品更是出现了全国大面积断货的现象。

在稳固国内市场的同时,格兰仕加快了迈向国际市场的步伐。1999年早已通过了ISO9001国际质量体系及美国等几十个国家质量认证的格兰仕微波炉,在国际市场上势如破竹,尤其是格兰仕全不锈钢系列、大容量高功率型900系列等微波炉新品在欧美市场颇为"受宠"。1999年,格兰仕又被推举为全国33个重点支持和发展的名牌出口商品生产企业。

格兰仕不仅贴切地诠释了其竞争实力,而且更有意义的是其再一次印证了"只有疲软的企业,没有疲软的市场"的道理。

第五章

产品价格制定

无论何时，价格都是最有力的营销手段。依据消费者心理制定合适的产品价格，将会给消费者带来最强力的冲击，因此，确定产品价格时同样要做到知己知彼，应了解消费者的价格心理和企业自身的价格底线。最后，还要确定适当的价格策略，以实现企业利益的最大化。

知识目标

1. 了解消费者的需求心理，理解营销活动对消费者心理的影响。
2. 理解影响产品价格的因素，考虑到价格的成本、需求、竞争、法律和政策等方面的影响。
3. 理解产品价格制定的程序。
4. 掌握产品价格制定的常见策略。

技能目标

1. 掌握我国消费者未来的心理变化趋势。
2. 理解产品价格的不同影响因素，能够根据影响因素确定产品价格制定的基本原则。
3. 掌握产品价格制定的程序。
4. 掌握产品价格制定的策略。

知识导图

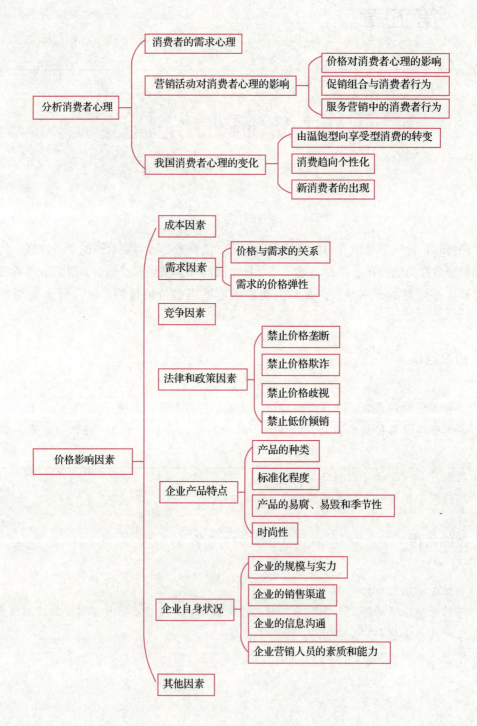

第五章 产品价格制定

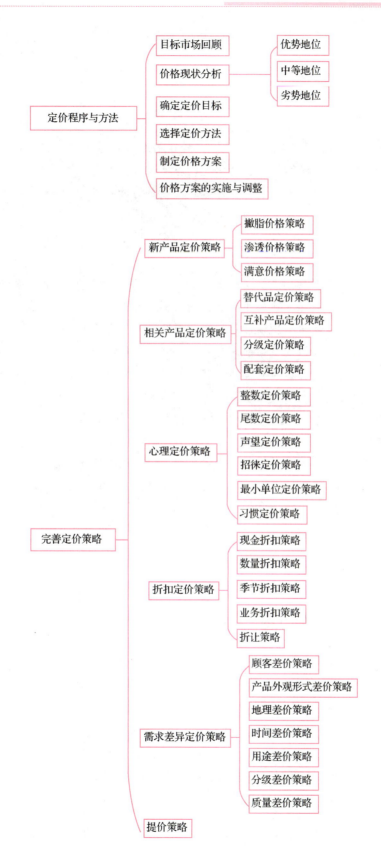

市场营销

案例导入

周大福珠宝，物打所值"一口价"

周大福珠宝（以下简称"周大福"）进军内地市场始于20世纪90年代。为避开香港地区激烈的市场竞争压力，寻找新的突破与增长点，以设立武汉周大福珠宝金行有限公司为标志，周大福正式吹响了进攻内地零售市场的号角，并于1998年全面"挺进"内地市场。短短几年时间里，周大福在内地分店的数量已近200家，成为内地珠宝饰品领域中跃出的一匹"黑马"。2005年，周大福在内地新开分店80家，使周大福分店遍及中国的四面八方。

珠宝饰品价格是目标消费群关注的焦点，也是消费者与商家能否达成交易的关键所在。针对这一敏感问题，在价格策略上，周大福创出了一套有别于其他同行的新路子。

物有所值，是消费者对商品属性的合理要求，也是消费者决定是否购买的参照标杆。但在现实交易中，作为贵重物品的珠宝首饰，常常有商品价格远高于商品价值的不正常现象，使消费者对珠宝饰品是否物有所值充满怀疑。为使消费者克服这一心理障碍，周大福创新性地推出了"珠宝首饰一口价"的销售政策并郑重声明：产品成本加上合理的利润就是产品的售价。"薄利多销"的经营模式节省了讨价还价的时间，让消费者真正体验货真价实的感受。

为了降低经营成本，更好地参与市场竞争，周大福还创立了首饰加工厂，自己生产各类首饰，减少中间环节，使成本降至最低，并获得了全球最大钻石生产商——国际珠宝商贸易公司DTC配发钻石原石胚配售权，保证了它最低的原料成本和较强的竞争实力。

周大福较低的采购成本使珠宝饰品物美价廉，从而获得了价格上的优势，使其"货精价实"的形象深入人心，赢得了目标消费群的好评与钟爱。

一、分析消费者心理

消费者的消费欲望源于其需要。消费者需要的产生必须具备不足之感和求足之愿两个前提条件。这两个前提条件的产生是主观因素和客观因素作用的结果。

（一）消费者的需求心理

由于主客观条件的不同，因此消费者的需要也复杂多样。长期以来，各国心理学者从各个侧面对消费需要进行深入探讨，按照不同标准对需要做出多种分类，而且随着探讨的深入，对需要的分类也越来越细。现将几种关于需要分类的最有代表性的观点列表说明，如表5-1所示。

第五章　产品价格制定

表 5-1　不同学者对需要的分类一览表

划分方法	代表者	分类标准	需要类型
两分法	传统的观点	按照需要的起源	生理需要、社会需要
		按照需要的对象	物质需要、精神需要
三分法	恩格斯	按照需要的生活形式	生存需要、享受需要、发展需要
五分法	马斯洛	按照需要的层次	生理的需要、安全的需要、爱和归属的需要、尊重的需要、自我实现的需要
二十分法	亨利·默里	按照需要的表现方式	贬抑需要、成就需要、交往需要、攻击需要、自主需要、对抗需要、防御需要、恭敬需要、支配需要、表现需要、躲避伤害需要、躲避羞辱需要、培育需要、秩序需要、游戏需要、抵制需要、感觉需要、性需要、求援需要、了解需要

马斯洛的需要层次理论应用范围较广泛，也为多数专家学者所推崇。马斯洛需要层次理论将需要划分为 5 个层次，分别是生理的需要、安全的需要、爱和归属的需要、尊重的需要、自我实现的需要，如图 5-1 所示。这 5 种需要是相互联系的，它们之间是依照低级到高级的层次组织起来的，每种需要也可以相对组成自己的层次。其中，只有当较低层次的需要得到满足后，才会出现较高层次的需要。人类最基本的需要是生理的需要，生理的需要得到满足之后，随之而生的是安全的需要，逐层上升，最后达到自我实现的需要的顶峰。不断推动人们追求新的目标、获得新的满足，是符合人类需要的发展规律的。

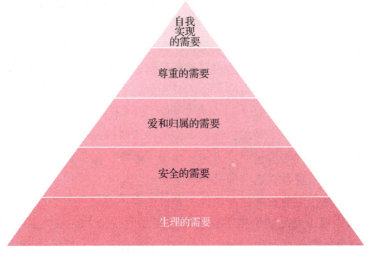

图 5-1　马斯洛需要层次理论

（1）生理的需要。这是个体为维持生存和发展对基本生活资料的需要，也是各类需要中必须首先满足的最基本的需要。唯有生理需要获得满足后，人们才有可能产生其他方面的需要。

（2）安全的需要。这是人们希望保护自己的肌体和精神不受危害的欲望，包括要求社会环境安全、职业稳定、生活有保障、有良好的医疗保健条件等。另外，保护私有的物品、财产或领地不受损失或破坏也属于安全的需要。信任的基本要素（预知、信赖和信心）都根植于安全的需要。

（3）爱和归属的需要。这一需要表现为人们作为社会成员，希望获得友情、亲情和爱情，与他人保持密切的交往，同时归属于某一社会群体，得到群体的关心和帮助。爱和归属需要的第一要义，就是希望他人认识到自我的存在。只要有人注意我们，我们就感到自己受到了关注和关心。从广义上讲，爱的反面并不是恨，而是不受重视。

（4）尊重的需要。这包括自我尊重和受人尊重两方面的要求，具体表现为渴望实力、成就、独立与自由，渴望名誉或声望，得到别人的赏识和高度评价。

（5）自我实现的需要。这是指人们希望发挥自己的特长和潜能，实现对理想、信念、抱负的追求，取得事业的成功，使自我价值得到充分实现。自我实现又分为3个层次：认知需要、审美需要和创造需要。认知需要是指发现有关自己和周围环境的各种事物并能够理解和掌握它们的内涵；审美需要是指人们对令人愉快的事物外表的向往，希望能在别人心中留下美好的印象；创造需要可理解为自我实现的狭义内涵，能促使人们的潜能得以最大限度地发挥和实现，越来越成为所期望的人物，能完成与自己的能力相称的一切事情。这种需要是最高层次的需要。

（二）营销活动对消费者心理的影响

1. 价格对消费者心理的影响

消费者在选购商品时，通常把价格与商品的各种要素（如质量、性能、品牌、包装等），综合起来加以评价比较，在此基础上决定自己是否购买。然而，就对消费者的影响而言，价格又有着与其他商品要素不同的心理作用机制。具体表现在以下两个方面。

（1）衡量商品品质和内在价值。按照市场经济运行的一般规律，同一种商品的价格与消费需求之间存在着此消彼长的反向相关关系，即价格上涨，消费需求减少；价格下降，消费需求增加。但在现实生活中，经常会出现相反的情形。例如，商品降价后，消费者的购买非但没有增加，反而会有所减少；有些内在质量相似的商品，价格相差较多时，消费者却宁愿购买价格高的商品。这种在市场上时有发生的"买涨不买跌"现象，究其原因，就在于降价使消费者对商品品质产生了疑虑，或者等待进一步降价的心理预期增强，从而抑制了即期购买行为。这就是消费者的价格心理机制的作用。通常，由于商品信息的非对称性，以及购买行为的非专业性，消费者在选购商品时，总是自觉或不自觉地把价格同商品品质及内在价值联系起来，把价格作为衡量商品品质优劣和价值大小的最重要的尺度。

（2）自我意识比拟。商品的价格不仅表现着商品的价值，而且在某些消费者的自我意识中还具有反映自身社会地位及经济地位高低的社会象征意义。这就是说，消费者在购买商品的过程中，可能通过自身的联想与想象等心理活动，把商品价格的高低同个人的偏好、情趣、个性心理特征等联系起来，有意或无意地进行价格比拟，凭借价格的高低来体现自己的社会经济地位和个性心理特征，满足个人的某种社会心理需要。

具体到购买商品过程中消费者的价格判断，则不仅受到上述两种机制的影响，而且也受到其他客观因素（如销售场地、环境、商品等）的影响。

（1）消费者对价格认识的习惯心理。在长期的、多次的消费实践活动中，消费者通过对某些商品价格的反复感知而形成价格习惯。这类习惯认识一旦形成，就不易改变，并以此来作为衡量同类商品的价格高低或合理程度的重要标准。由消费者对价格习惯所形成的参考价格（或心理价格）较为清晰，只具有一个很小的价格范围。消费者参考价格主要是基于过去遇到的价格而形成的内心价格标准，从根本上讲，内部参考价格起到一个向导的作用，帮助消费者估算该标价是否可以接受。除对价格的习惯认识外，消费者对商品的心理需要程度、消费者个人的特点、促销的频率、商店的特点、价格的变化趋势等，也会影响到对市场价格的认知以至心理价格的形成。

（2）消费者对价格高低的感受心理。消费者对价格高与低、昂贵与便宜的认识，往往带有浓厚的主观色彩。一般而言，消费者对商品价格高低的认识或感受有以下特点。

第一，以特性、成本的方式决定商品价格的高低。"特性"主要是指商品的质量、功能及效益等。"成本"主要是指商品的价格，但对汽车、家用电器等商品，它还应包括使用时的电费、燃料费、保养维修费、保险费、燃油税、停车费等其他有关费用。在商品介绍中，应当努力将消费者的注意力引向这种"相对价格"，强调商品能带给消费者的好处。当然，当商品的特性明确或相同时，消费者对价格就特别重视了。在购物过程中，消费者对价格的注意极高，但这种注意的心理基础是对商品品质的衡量。也就是说，价格高的商品，一般被认为是质量、档次也相对较高的商品；反之，则被认为是质量、档次也较低的商品。

第二，以比较、感知的方式决定商品价格的高低。根据对价格的习惯性认识、心理价格及对同类商品价格进行比较，而得到对商品价格高低的认识。在价格放开的情况下，消费者购买价值较大的商品时，往往"价比三家"。另外，与其他不同类商品或服务消费支出的比较，也是消费者进行价格判断的重要方法。"外部参照价格+销售价格"形式表述的价格促销广告对消费者价格感知的影响最大，而且价格促销主要是通过影响消费者的内部参考价格而起作用的，如图5-2所示。

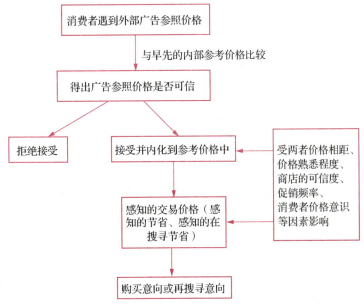

图 5-2　消费者受参考价格的影响

第三，消费者还容易受到商品价格背景、销售方式及现场气氛的影响。同一商品的价格，如果分别摆放在高价系列和低价系列的营业柜台中，由于周围陪衬的各类价格不同，消费者会产生不同的价格感受。对价格的判断也受到出售场地、现场气氛的影响。繁华地段、豪华商店、豪华娱乐场所的商品价格往往较高，但消费者的价格判断却不高。如果购物现场的气氛十分热烈、踊跃，消费者的价格判断也会趋低。高档、贵重商品如果混放在一般商品中，或者在日杂小店及低价柜台中出售，不仅会显得价格昂贵，还会降低其形象、地位及特殊性，消费者也缺乏信任心理，并由此影响销售。

(3) 消费者对价格选择的倾向心理。对于各方面没有明显差别的同类商品，消费者当然倾向于购买价格比较低的商品；而对于不同档次的商品，不同的消费者出于不同的价格心理，对商品的价格档次、质量和商标的选择会表现出不同的选择倾向。有的消费者认为价格和商标是质量好坏的主要标志，高价意味着高质。在我国目前的经济条件下，工薪阶层的消费者比较倾向于选择那些价格适中、具有一定功能的比较实惠的商品。对于不同类型的商品，消费者在价格倾向性上也有不同。一般而言，对于日常生活用品、使用期短的时令商品，消费者倾向于价格较低的商品；对于高档耐用消费品、威望类商品、高级奢侈品（如化妆品、首饰等）、礼品、技术性强的商品、社交类商品、流行时髦商品及特殊商品（如文物、工艺品、嗜好品等），消费者可能在求质、求名、求荣等心理因素或"一次到位"及保值的消费观念的支配下，倾向于选择价格较高的商品，消费者对这些商品在质量、功能、款式等方面的追求往往强于对价格的要求。从不同消费项目上看，名烟、名酒等奢侈品是"买的人不用，用的人不买"，说明作为日常生活开支，这些商品太贵了；而作为礼物送给朋友或官员，则属于情感开支，能满足社会性需要，消费者就舍得花钱了。

(4) 消费者对价格变动的敏感心理。由于价格的变动关系着消费者的切身利益，因此消费者对价格的变动一般是很敏感的，并反映到消费需求量的增减上。但由于消费者在想象中对不同商品的价格标准高低不一等种种原因，因此影响人们对不同类商品价格变动的敏感性。对于想象中价格标准低、价格习惯程度高、价格的习惯性上下限范围小、使用普遍、购买频率高或质量易被体验的商品，如主要副食品或主要日用工业品，其敏感性就高；而对于奢侈品、高档耐用品、工艺美术品等商品，人们往往认为价格越高质量就越好，价格的习惯性上下限范围越大，对价格变化的敏感性越低。从需要类型上看，衣、食、住、行等基本生活商品主要满足人的自然需要。对于这一类需要，消费者大多只重视商品的使用价值，而较少考虑这种需要的社会意义，消费需求弹性较小，商品的性价比容易衡量，因此价格变化的敏感性就高。

(5) 消费者对价格促销的逆向心理。一般情况下，价格下降对消费需求量的上升有刺激作用。但人们很快发现，这种行为虽然短期能促进销售的增长，但却损害了品牌的形象和企业的长期利益，而又迫于竞争者都在这么做，也只好不得已而为之，从而陷入"促销陷阱"和"过度促销"，即出现所谓"强度"与"效用"上的"二律悖反"现象。这是因为人们对于促销的认识存在刻板效应，促销往往与"虚假、欺骗"等挂钩。价格促销是一种易于模仿并富有攻击性的工具，稍有不慎，即会导致整个产业内因竞争压力而形成滥用的局面。对消费者来说,一方面,过度促销意味着"刺激泛化",即促销策略会变得越来越没有吸引力;另一方面,则会使消费者感到"信息超载",进而将价格促销作为生活中的"经常事件",对其充耳不闻、视而不见。当然,消费者也会主动去学习和总结促销,认识促销活动。一般来说,价格促销的规律认知可归结为4个方面:①零售促销规律;②季节性促销规律;③制造商品牌规律;④零售商品牌规律。

2. 促销组合与消费者行为

所谓促销,就是企业通过与消费者的信息交流来引起人们的兴趣,并说服他们试用其产品的活动。所谓促销组合,是指企业根据促销的需要对广告、销售促进、宣传与人员促销等各种促销方式进行的适当选择和配合。

(1) 广告与消费者行为。

在所有促销工具中,广告作为高度大众化的信息传递方式,渗透力比较强,是许多企业促销的首选手段,也是营销人员与消费者交流产品信息最重要的手段。对于消费者来说,广告具有认知、诱导、教育、便利等心理功能。广告向消费者公开传递有关商品的商标、品牌、性能、质量、用途、使用和维护方法、价格、购买的时间、地点及服务的内容等信息,使消费者对其有所认识并在头脑中形成记忆。优秀的广告能够唤起消费者美好的联想,给消费者以某种美的享受,从而改变其对商品的原有偏见或消极态度。广告还以其科学、文明、健康、真实的内容与表现形式,引导消费者树立合理的消费观念。另外,广告还通过各种广告媒体,及时、反复地传播商品或服务的信息,便于消费者搜集有关资料,对各种商品进行较为充分和有效地比较,为购买决策提供充分依据。

> **学习参考**
>
> **增强广告效果的心理策略**
>
> 广告传递的信息首先作用于消费者的听觉、视觉等感觉器官,并在其大脑中引起不同程度的反应,从而形成一系列复杂的心理活动过程,导致需要的产生和购买行动的实现。广告引发消费者心理反应的过程一般有4个环节:引起注意、启发联想、增进情感、增强记忆。
>
> 1. 引起注意
>
> 注意是增强广告效果的首要因素。加大刺激的强度,刺激物达到一定的强度,就能引起人们的注意,即刺激量要大于人的感觉阈限值。例如,大尺寸、大标题、明亮的色彩或光线、醒目的图案、响亮或特殊的声响,甚至特异的手法等,都会有效地刺激消费者的视觉和听觉,使其心理处于一种积极的、兴奋的状态。运动着的事物、变化中的刺激远比静止的、不变的事物更容易引起人们的注意。罕见的、奇异的、一反常态的事物却能给人以比较强的刺激力度。广告刺激的新奇性通常还表现在其形式和内容的更新上。
>
> 2. 启发联想
>
> 在广告宣传中,充分利用事物之间的联系,启发消费者的联想,无疑能起到提示消费者回忆、提高记忆效果、刺激消费需求的心理作用。例如,广告中的色彩联想运用。白色

给人以诚实、清洁、神圣的感觉；黑色会使人感到严肃、庄重，也容易使人联想到黑暗、不幸、悲哀；绿色使人联想到春天、生机勃勃；红色表示温暖、热烈，也会使人联想到斗争、危险；黄色给人以快活、亮丽的感觉；蓝色与天空、大海相关联，也可使人联想到遥远和深沉。

3. 增进情感

消费者的情感反应本质上取决于他们能否从广告信息中获得满足需要的信息，有用的信息会使消费者产生好感和认同。广告策划中的情感诉求有助于消费者产生积极的情感体验，并促进对产品的认同，进而转化为购买意向。一则好的广告，其目标是促进消费者形成积极情感，如信任感、安全感、亲切感、美感等。

4. 增强记忆

对广告信息的记忆，是消费者认知、判断、评价商品及做出购买决策的重要条件，因此，在广告的设计与传播中，有意识地增强消费者的记忆是非常必要的。

(1) 减少材料数量。记忆的效果与广告材料的数量有一定的依存关系。

(2) 适当重复加强记忆。重复是加深记忆的重要手段。人们对事物的记忆往往不是一次就能完成的，而需要经历多次重复的过程。

(3) 运用多种艺术形式加强形象记忆。一般而言，极具形象性的广告更容易被人理解和识记。

此外，广告中适当地运用各种艺术表现形式也能够帮助人们加深记忆。例如，将广告词写成诗歌、顺口溜、对联等形式，可以使之合辙押韵、朗朗上口；使用成语、双关语、谐音等巧妙地说明产品的特性，可以做到语意双关，引人入胜；运用相声、漫画、卡通等形式，使用幽默、夸张等表现手法，会令人忍俊不禁。这些形式可使消费者对广告内容经久难忘。

(2) 推广与消费者行为。

营业推广是通过提供信息引导消费者接近产品并直接诱导其发生购买行为。营业推广通常是刺激需求迅速增长的短期工具，它能起到暂时增加产品销售量的目的。营业推广的主要目标是最终消费者、中间商和推销人员，因此，要根据目标消费者的普遍行为制定营业推广计划。例如，对于忠诚的消费者和竞争者的消费者，就应该使用不同的营业推广工具，如表5-2所示。

表5-2 消费者类型与营业推广目标

消费者类型	预期的结果	营业推广示例
忠诚的消费者（经常或一贯购买你产品的消费者）	强化这种行为、增加消费、改变购买的时间间隔	加强消费者忠诚度的营销方案，如频繁购买者俱乐部 激励消费者积累奖励点数或提高购买奖励
竞争者的消费者（经常或一贯购买竞争者产品的消费者）	削弱对竞争者的忠诚，说服消费者开始购买你的产品	发送样品，说明企业的产品质量比竞争者的高 利用抽奖、竞赛等方式使消费者对产品产生兴趣

续表

消费者类型	预期的结果	营业推广示例
多品牌购买者（购买产品目录中各种产品的消费者）	说服消费者经常购买企业的品牌	降低产品价格的任何促销方法，如优惠券、打折包装、奖励包装等 比竞争者供货更及时
价格购买者（一贯购买最便宜品牌的消费者）	用低价格吸引消费者或提供附加价值来弱化价格的重要性	优惠券、打折包装、退货承诺、降低产品价格

（3）公共关系与消费者行为。

公共关系就是企业与其公众之间的关系。与其他促销组合要素一样，公共关系也是市场营销的重要工具。公共关系人员能够起到塑造企业形象的作用。企业形象主要通过企业的知名度和美誉度这两个指标表现出来。知名度是指社会公众对一个企业知道和了解的程度。美誉度是社会公众对企业信任和赞许的程度。将知名度和美誉度结合起来，就可以反映一个社会组织在社会公众心中的大致形象。

3. 服务营销中的消费者行为

消费者服务营销的本质则是研究如何利用服务作为一种营销工具促进有形产品的交换。服务营销的核心理念是消费者满意和消费者忠诚，通过取得消费者满意和消费者忠诚来促进相互有力的交换，最终实现营销绩效的改进和企业的长期成长。

与有形产品消费者行为的特征相比，服务市场的消费者行为的独特性主要表现在以下几方面：

（1）消费者主要通过人际交流来搜集信息。服务市场上的消费者可能在很大程度上依靠朋友和同事的推荐，特别对于像理发和餐馆这类的服务，就更是如此。

（2）消费者感知到的风险可能更大。因为服务的生产与销售同时进行，所以消费者在购买服务产品时感知到的风险可能更大，而且只有当消费者期望得到的利益与服务提供者真正提供的服务之间有距离时，消费者才会感知到风险。

（3）服务市场的消费者有更高的品牌忠诚。如上所述，由于购买服务具有更大的风险，因此消费者对品牌有更高的忠诚。

（4）对服务质量的评估是在服务传递的过程中进行的。消费者对服务质量的满意可以定义为：对接受的服务的感知与对服务的期望的比较。也就是说，当感知超出期望时，消费者就会认为质量很高，就会表现出高兴甚至惊讶；当没有达到期望时，消费者认为这种服务是不可接受的，就会表现出不满甚至愤怒；当期望与感知一致时，消费者就处于满意状态。

（三）我国消费者心理的变化

1. 由温饱型向享受型消费的转变

改革开放以来，由于实行社会主义市场经济，生产力得到极大发展，人们的消费不再满足于温饱，而倾向于享受。我国的恩格尔系数这些年在不断降低。完成全面建成小康社会这一历史任务后，我国消费者将会彻底从温饱型消费向享受型消费转变。

2. 消费趋向个性化

消费者在消费的过程中更加注重自身个性和感情的需要。人们要求自己所使用的产品能打上自己的烙印，让产品体现自己的个性、情趣和心情；或者虽然不能完全自主去设计产品，但至少产品的某一部分可以自由去设计。消费者可以按照自己的需要挑选、购买产品和服务，主动要求企业生产出定制化的产品。情感是人们依据客观事物的情况和自身需要的程度而产生的态度和内心体验，对人们的消费行为有重要影响，人们的消费活动实际上是充满情感体验的活动过程。情感包含亲情、友情和爱情。

3. 新消费者的出现

我国消费者在西方发达国家的影响下，新型消费者迅速成长，并逐渐成为我国消费者的一个重要类型，对我国消费者的消费行为产生重要的影响。新型消费者呈现出较明显的人口学特征和集中的社会分布状况。首先，他们比较年轻，年龄大多在35岁以下。其次，他们出生在物质产品相对富足、社会文明程度较高的年代，其中多数人成长环境良好甚至优越，未曾感受过物质匮乏的困扰和生存的艰辛。再次，他们受过较高等教育，具有较高学历，由其较新的知识结构和较强的学习能力决定。最后，他们分布在新兴行业。他们主要分布在IT、金融、法律、管理咨询等新兴行业，从事高知识含量的专业工作；他们的专业人士身份（如软件工程师、证券经纪人、职业经理人、企业中高层主管、律师、商务咨询师等），决定了他们具有较高的社会地位和较丰厚的经济收入。他们的消费高度个性化，审美趣味也各有差异；信息搜寻能力较强，会主动查阅商品标签，研究说明书的内容；他们会利用各种工具比较商品的价格，了解生产厂商做出的各种承诺；具有很强的参与性与互动性，从而确保他们购买的产品或服务就是他们需要的。

二、影响定价的因素

影响企业产品定价的因素很多，如国家的宏观经济政策、价格政策、企业的定价目标、消费者的心理、市场需求状况、企业产品的成本、竞争状况等。因此，在给产品定价时，企业必须先对这些因素进行分析，然后才能据此确定定价方法和选择定价策略。

（一）成本因素

成本是商品价格的主要组成部分，也是产品价格的最低限度。产品成本包括制造成本、销售成本和储运成本等。如果企业想对一种产品定价，这种价格必须能够补偿企业的各项成本及费用，同时，还要能为企业带来可观的收益，以保证再生产的实现。从长远来看，任何产品的价格都应高于所发生的成本费用，这样在生产经营过程中所发生的耗费才能从销售收入中得到补偿，企业才能获取利润。企业必须在激烈的价格战的压力下，充分了解成本的具体构成及变化情况，努力降低成本，控制价格，扩大销售增加赢利。

根据市场营销定价策略的不同需要，成本可以从不同的角度分为以下几类。

（1）固定成本：即企业在一定规模内生产经营某一商品支出的固定费用，在短期内不会随产量的变动而发生变动的成本费用。

（2）变动成本：即企业在同一范围内支付变动因素的费用。这是随产量的增减变化而发生变化的成本。

（3）总成本：即固定成本与变动成本之和。当产量为零时，总成本等于固定成本。

（4）平均固定成本：即总固定成本除以产量的商。固定成本不会随产量的变动而变动，但是平均固定成本会随产量的增加而减少，随产量的减少而增加。

（5）平均变动成本：即总变动成本除以产量的商。平均变动成本不会随产量增加而变动。但是当生产发展到一定的规模，随着工人熟练程度的提高，批量采购原材料价格的优惠，那么变动成本呈递减趋势；如果超过某种极限，则平均变动成本又可能上升。

（6）平均成本：即总成本除以产量的商。因为固定成本和变动成本随生产效率提高、随规模经济效益的逐步形成而下降，所以单位产品平均成本呈递减趋势。

（7）边际成本：即每增加一单位产品而引起总成本变动的数值。在一定产量上，最后增加的那个产品所花费的成本，从而引起总成本的增量。这个增量即边际成本。企业可根据边际成本等于边际收益的原则，以寻求最大利润的均衡产量；同时，按边际成本制定产品价格，使全社会的资源得到合理利用。

（8）长期成本：即企业能够调整全部生产要素时，生产一定数量的产品所消耗的成本。所谓长期，是指足以使企业能够根据它所要达到的产量来调整一切生产要素的时间量。在长时期内，一切生产要素都可以变动。所以长期成本中没有固定成本和可变成本之分，只有总成本、边际成本与平均成本之别。

（9）机会成本：即企业为从事某项经营活动而放弃另一项经营活动的机会，或者利用一定资源获得某种收入时所放弃的另一种收入。另一项经营活动所应取得的收益或另一种收入即为正在从事的经营活动的机会成本。

（二）需求因素

市场需求是影响企业对产品定价的重要因素。当产品价格高于某一水平时，将无人购买，因此，市场需求是产品定价的上限。一般而言，价格与需求成反比，价格上升则需求下降；价格下降则需求上升，但在实际生活中，不同的产品价格对需求的影响是不一样的，因此企业在制定产品价格时，必须对价格与需求的关系、需求的价格弹性等进行研究。

1. 价格与需求的关系

一般情况下，市场需求随产品价格的上升而减少，随着价格的下跌而增加。市场需求曲线是一条从左往右向下倾斜的曲线，如图 5-3 所示。但在某些情况下，价格与需求是同向变化的关系，如具有收藏价值的古董、艺术品等。

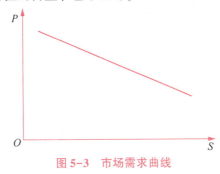

图 5-3 市场需求曲线

2. 需求的价格弹性

需求的价格弹性简称需求弹性，是指产品价格的变动而引起的需求的变动率，反映需求变动对价格变动的敏感程度。其大小一般依据需求弹性系数 Ed 来测定。为方便起见，常用绝对值来表示。

不同产品具有不同的需求价格弹性，对价格的制定影响很大。

（1）$Ed=1$ 时，单一弹性。此类产品价格上升（下降）会引起需求量等比例的减少（增加），因此价格变化对企业总收益影响不大。这时，企业可采取目标利润法定价。例如，住房。

（2）$Ed>1$ 时，富于弹性。此类产品价格上升（下降）会引起需求量较大幅度的减少（增加）。这时，企业应降低价格，刺激需求，通过薄利多销来增加利润。例如，家用煤气、家用电器、电影等。

（3）$Ed<1$ 时，缺乏弹性。此类产品价格上升（下降）会引起需求量较小幅度的减少（增加）。这时，企业在对其产品定价时，降低价格并不能引起需求量的大幅度增加，提高价格需求量也不会大幅度下降，因此，为增加收益，可以适当调高产品价格。例如，食盐、大米、燃料等。

（4）$Ed=0$ 时，完全无弹性。此类产品价格变动对于需求量的影响不大。这时，企业可以适当提高产品价格，以增加企业总收益，但也不能无限提价，要注意提价的幅度。例如，骨灰盒。

（5）$Ed<0$ 时，完全有弹性。此类产品价格变动对需求量的影响较大。这种极端情况在实际生活中是很少见的。

（三）竞争因素

企业的定价是一种竞争行为，任何一次价格的制定或调整均会引起竞争者的关注并有可能导致竞争者采取相应的措施，因此，了解竞争者的价格，企业可以及时对本企业的产品价格做出相应的调整，同竞争者的产品比质比价，以便准确地制定本企业产品的价格。如果企业的产品与竞争者的产品相似，就可以制定与竞争者相似的价格，否则销路就会受影响；如果比竞争者产品质量差，则将价格定得低一些；如果产品质量优于竞争者的产品，那么价格就可以定得稍高一些。

（四）法律和政策因素

在市场经济条件下，各国政府都制定了一系列的政策和法律法规，对市场价格的制定和调整做了相应的限制和管理，如《中华人民共和国价格法》《中华人民共和国反不正当竞争法》，因此，企业在定价时要了解相应的法律、法规和政策，以及企业的定价权限等。

国家政策禁止的价格行为有以下几类。

1. 禁止价格垄断

价格垄断包括两种类型：一是滥用市场优势控制市场价格；二是以合同、协议等方式联合控制或限制价格。

第五章 产品价格制定

2. 禁止价格欺诈

价格欺诈行为主要有以下两种：

（1）虚假降价，如虚假宣传、伪装削价、虚拟原价等。

（2）模糊标价，如以虚假的优惠价、折扣价、处理价、最低价等引诱消费者购买。

3. 禁止价格歧视

价格歧视是指对于具有同等条件的不同消费者，实行不同的交易价格、不同的折扣条件，从而妨碍了他们之间的正当竞争。

4. 禁止低价倾销

企业在削价处理产品时，如果是低于成本价出售，并且引发恶性的低价竞销，损害了国家或其他经营者的合法权益，就属于低价倾销。

（五）企业产品特点

产品的自身属性、特征等因素，在企业制定产品价格时也必须考虑。

1. 产品的种类

企业应分析自己生产或经营的产品种类是日用必需品、选购品、特殊品，还是威望与地位性产品、功能性产品，不同的产品种类对价格有不同的要求。例如，日用必需品的价格必然要顾及大众消费的水平，而特殊品的价格则侧重特殊消费者。

2. 标准化程度

产品标准化的程度直接影响产品的价格决策。标准化程度高的产品价格变动的可能性一般低于非标准化或标准化程度低的产品。标准化程度高的产品的价格变动如果过大，则很可能引发行业内的价格竞争。

3. 产品的易腐、易毁和季节性

一般情况下，容易腐烂、变质且不宜保管的产品，价格变动的可能性比较高。常年生产、季节性消费的产品与季节性生产常年消费的产品，在利用价格的作用促进持续平衡生产和提高效益方面有较大的主动性。

4. 时尚性

时尚性强的产品的价格变化较为显著。一般新潮的高峰阶段，产品价格要定得高一些而新潮高峰过后，企业应及时采取适当调整策略。

（六）企业自身状况

企业状况主要是指企业的生产经营能力和企业经营管理水平对制定产品价格的影响。不同的企业由于规模和实力的不同，销售渠道和信息沟通方式不同以及企业营销人员的素质和能力高低的不同，因此对产品价格的制定和调整应采取不同的策略。

1. 企业的规模与实力

规模大、实力强的企业在价格制定上余地大。企业认为必要时，应有条件大范围地选用薄利多销和价格正面竞争策略。规模小、实力弱的企业生产成本一般高于大企业，在价格制定上往往比较被动。

2. 企业的销售渠道

渠道成员有力、控制程度高的企业在价格决策中可以有较大的灵活性；反之，则应相对固定。

3. 企业的信息沟通

企业的信息沟通包括企业的信息控制和与消费者的关系两个方面。信息通畅、与消费者保持良好关系的企业可适时调整价格，并得到消费者的理解和认可。

4. 企业营销人员的素质和能力

拥有熟悉生产经营环节，以及掌握市场销售、供求变化等情况，并具备价格理论知识和一定的实践能力的营销人员，是企业制定最有利价格和选择最适当时机调整价格的必要条件。

（七）其他因素

例如，消费者的购买能力、消费者的心理、产品的生命周期及定价目标等也是企业给产品定价时需要考虑的因素，这里不再赘述。

三、定价的程序与方法

在对企业的价格进行策划时，应先对企业产品的目标市场和价格现状进行回顾或分析，然后据此确定企业的定价目标、选择定价方法，以及制定和实施价格方案。企业价格策划的程序如图 5-4 所示。

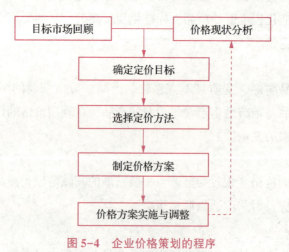

图 5-4 企业价格策划的程序

（一）目标市场回顾

根据确定营销因素组合的逻辑思路。在确定价格策略之前，企业需要先对产品的目标市场及其特点进行系统的回顾。表 5-3 体现了这一思路，即企业根据目标市场的特点（如 5 个 W）来思考、选择和确定价格因素。

第五章 产品价格制定

表 5-3 企业价格策划的思路

目标市场	价格因素					
	顾客价值	顾客成本	利价比	定价目标	定价方法	其他
Who						
What						
Why						
When						
Where						

因为对目标市场特点的分析是企业制定营销战略的依据，所以在正常情况下，企业在定价时直接使用此前的分析结果就可以了，然而，在定价时，企业可能并没有掌握与定价高度相关的数据和信息，如反映顾客价值感知的数据和信息。另外，企业也可能是在执行某一营销战略过程中发现某一产品的价格方面存在问题，而需要对价格进行调整。此时，企业面对的是与原来不同的环境。在这两种情况下，企业都需要对目标市场的特点重新进行分析。

若要使用这一分析框架确定价格因素，企业首先要针对目标市场的 5 个 W 系统地思考和分析企业产品在哪些方面（与哪一个 W 有关）给顾客带来什么利益（即顾客价值），为获得这一利益顾客需要在哪些方面（与哪一个 W 有关）付出什么成本（即顾客成本），以及企业产品的利价比（即顾客价值与顾客成本之比）优势如何。以此来确定企业产品的价格现状，分析企业产品在价格上是否具有优势。

然后，针对目标市场的 5 个 W，进一步思考提高顾客价值、降低顾客成本的方法和途径，提高企业产品的利价比或竞争优势。其中，涉及企业如何控制产品的生产成本和营销费用的问题。例如，为了提高企业产品的顾客价值，企业需要增加生产成本和营销费用。此时，把生产成本和营销费用控制在一定的限度内，可能是提高企业产品利价比的关键。又如，为降低顾客成本，企业需要降低产品价格，这又会涉及如何降低生产成本和营销费用等问题。

在此基础上，企业再根据目标市场的 5 个 W，综合考虑其他影响因素，选择并确定企业产品的定价目标和定价方法。由于对企业产品的价格现状和未来调整方向心中有数，因此企业制定出的价格方案就会更符合企业实际，也更具有可操作性。

以上这些内容都可以在表 5-3 中进行。企业的价格制定者首先认真考虑每一格已有的或可能的内容；其次，将思考的结果以对应的方式置于每一格中，如用缩略语的形式将其标注在每一格中（当然，有些格中可能没有内容）；再次，思考这些结果的相容与不相容之处，将相容的结果整合，在不相容的结果之间做出选择；最后，制定出内部不相矛盾的价格方案。

（二）价格现状分析

价格现状分析的目的，在于了解企业产品价格的优势或劣势。一个可以使用的工具是顾客感知价值与价格定位图。它描述了顾客对企业产品的价值感知与企业产品价格的对应关系，可以用来确定企业产品的价格优势或劣势。

使用顾客感知价值与价格定位图进行价格现状分析的关键是，确定市场上同类产品顾客价值与价格之比的平均值。为此，企业需要进行深入的市场调查与分析，然后可以绘制出该市场上同类产品的顾客感知价值与价格定位图，并依图进行分析。一般而言，图中斜线以下的产品处于能够提高市场份额的位置，有竞争的优势；斜线以上的产品处于会失去市场份额的位置，有竞争劣势。而刚好压在斜线上的产品处于行业或市场的平均水平，既无竞争优势，也无竞争劣势。如果其他企业产品的"利价比"不发生大的变化，则该产品能够保持其市场占有率。

顾客感知价值与价格定位图是一个非常有用的工具，不仅可以用来帮助企业分析其产品的价格现状，而且还可以用来帮助企业确定其定价目标和定价思路。下面是企业的产品价格处于优势地位、中等地位和劣势地位的3种情况。

1. 优势地位

企业的产品价格处于优势地位，这意味着企业产品的顾客价值与价格之比高于市场平均值。此时，企业的产品正在获得更多的市场份额或有望获得更多的市场份额。此时，企业的定价目标可以是销售目标、利润目标和竞争目标，可以通过如图5-5所示的几种方法巩固其产品在市场中的地位，实现其定价目标。

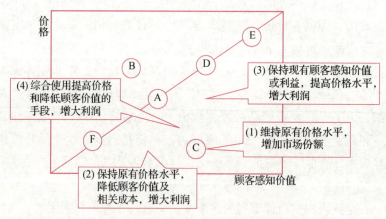

图5-5 企业的产品价格处于优势地位

如果企业采用销售目标和竞争目标，那么它需要采用图5-5中的途径（1），即维持原有价格水平，增加市场份额。此时，企业需要关注的是其他企业产品"利价比"的变化，确保自己产品的"利价比"高于其他企业的产品。

如果企业采用利润目标，那么它可以根据自己的具体情况选择采用图5-5中的途径（2），即保持原有价格水平，降低顾客价值及相关成本，增大利润；采用图5-5中的途径（3），即保持现有顾客感知价值或利益，提高价格水平，增大利润；或者采用图5-5中的途径（4），即综合使用提高价格和降低顾客价值的手段，增大利润。此时，企业实际上是在利用其优势地位:在其他营销因素的配合下,减少投入,收获成果。

2. 中等地位

企业的产品价格处于中等地位,这意味着企业产品的顾客价值与价格之比处于市场平均水平,企业的产品可以在一定的时期内保持一个相对固定的市场份额。此时,企业的定价目标应该以竞争目标和生存目标为主,可以通过如图5-6所示的几条途径开展市场竞争或维持其产品的市场份额。

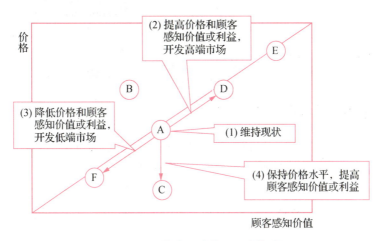

图5-6　企业的产品价格处于中等地位

其一,如果企业采用的是生存目标,它可以维持现有价格水平不变,即采用图5-6中的途径(1)。此时,企业需要密切关注其他企业的价格变化,一旦其他企业降低价格,其产品的市场份额将会流失。

其二,如果企业采用的是竞争目标,它可以根据自己的具体情况选择采用图5-6中的途径(2),即提高价格和顾客感知价值或利益,开发高端市场;采用图5-6中的途径(3),即降低价格和顾客感知价值或利益,开发低端市场或者采用图5-6中的途径(4),即保持价格水平,提高顾客感知价值或利益,增强自己在价格上的竞争力。在其他营销因素的配合下,这几种途径都可以维持甚至提高企业产品的市场占有份额。

3. 劣势地位

企业的产品价格处于劣势地位,这意味着企业产品的顾客价值与价格之比低于市场平均值。此时,企业的产品正在失去市场份额或有失去市场份额之虞,因此,企业应该以销售目标和生存目标为其主要的定价目标。如图5-7所示,可以通过3条途径改善其产品在市场中的地位,实现其定价目标。

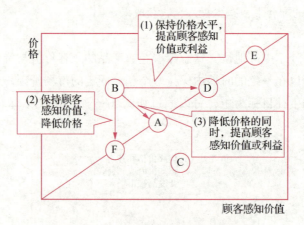

图 5-7 企业的产品价格处于劣势地位

采用图 5-7 中的途径（1），保持价格水平，提高顾客感知价值或利益，如为顾客提供更多的利益。此时，需要其他营销因素的配合，如通过广告，树立产品的品牌形象，为顾客带来更大的形象价值；通过增加服务项目或提高服务质量，为顾客提供更多的服务价值。

采用图 5-7 中的途径（2），保持顾客感知价值，降低价格。这是仅通过价格因素就可以办到的。

采用图 5-7 中的途径（3），降低价格的同时，提高顾客感知价值或利益。这也需要其他营销因素的配合。

（三）确定定价目标

明确产品的价格现状后，企业需要综合考虑各方面的因素，确定一个合理的定价目标，既要适合于企业的内部条件与外部环境，又要与企业的营销目标一致。

如前所述，企业定价的基本目标可分为利润目标、销售目标、竞争目标和生存目标 4 种。在企业对其进行定价时，可以取其中一种，也可以将各种定价目标进行某种组合，确定更明细的定价目标，以便于执行与操作。

此外，企业还可以根据顾客感知价值与价格定位图中企业产品的地位，选择和确定企业的定价目标。例如，当企业的产品价格处于劣势地位时，以生存目标为主确定定价目标；当企业的产品价格处于优势地位时，以利润目标为主确定定价目标；当企业的产品价格处于中等地位时，以竞争目标为主确定定价目标。

（四）选择定价方法

选择定价方法就是要根据企业的定价目标，选择恰当的定价方法。如前所述，企业定价的基本方法有需求导向定价法、竞争导向定价法、成本导向定价法和价格折扣法。具体操作时，可以使用表 5-4 中所示的方法，将企业的定价目标和定价方法结合起来考虑，以保证所选择的定价方法为企业的定价目标服务。

表 5-4 定价方法

定价方法	定价目标			
	利润目标	销售目标	竞争目标	生存目标
成本导向定价法				
需求导向定价法				
价格折扣法				
竞争导向定价法				

选择定价方法的思路如下：

第一步，确定企业可以使用的定价方法。例如，在提出需求导向定价法时，企业可以使用的具体定价方法有感知价值定价法、倒推定价法、需求差异定价法和心理定价法等。

第二步，确定每种定价方法的选择依据。例如，在新产品定价时，企业决定使用竞争导向定价法中的高价陷阱定价法（撇脂定价）或低价排斥定价法（渗透定价），因此给出了表5-5中所示的选择依据。

表 5-5 新产品定价方法的选择

选择依据	渗透定价条件	撇脂定价条件
销售推广工作	很少	很多
产品特性	普及产品	特殊性
生产方式	标准成品方式	定制
市场大小	普遍性市场（大）	选择性市场（小）
产品过时	可行性较久	短时即消失
技术变迁	技术稳定	技术创新速度快
生产资料使用方式	劳力密集	知识密集
市场占有率大小	扩大市场占有率	缩小市场占有率
分销渠道长短	短渠道	长渠道
收回成本时间	长期内收回	短期收回
产品兼用的可能性	单一用途	多种用途
服务工作	少	多
产品使用寿命	短	长

第三步，评估每种定价方法完成企业定价目标的效能。例如，可以在表5-4中的空格处填上每种定价方法完成企业定价目标的可能性及优缺点。

第四步，在第三步的基础上对各种方法进行比较，确定一种或几种企业认为能够较好完成定价目标的定价方法。

（五）制定价格方案

制定价格方案实际上是对企业整个价格决策过程的总结，一般以策划方案的形式出现。策划方案的内容包括：价格策划的目的；对企业营销目标、目标市场和竞争者的分析或回顾；企业产品的价格现状分析；定价目标的选择及其依据；定价方法的选择及其依据；价格方案实施的明细规定，如具体工作的任务、负责人、时间和达到的目标；其他营销因素需要做出的配合。

(六) 价格方案的实施与调整

制定价格方案后，企业需要将其付诸实施。在实施过程中，一方面，企业要对方案实施过程进行控制；另一方面，要根据环境的变化（如竞争者的价格变动、原材料价格的涨跌等）对价格做出适时调整。

企业可能利用自己的价格优势，主动对价格进行调整，也可能为了应付竞争者的挑战而对价格做出被动调整。无论是主动还是被动的价格调整，形式都分为调低价格和调高价格两种。

调低价格常用于以下几种情况：①产品供过于求，生产能力过剩；②市场竞争激烈，产品市场占有率下降；③生产成本下降，企业通过降价可以获得更高的市场占有率；④企业新产品上市，对老产品进行清仓处理；⑤企业急需回笼现金。

调高价格常用于以下几种情况：①通货膨胀或原材料价格上涨，引起企业成本增加；②产品供不应求，暂时无法满足市场需求；③政策、法律法规限制消费，要求企业通过提价遏制某些产品（如香烟或居民用电等）的消费；④改变产品形象，利用消费者质价联想的心理，通过提价提升品牌形象。

因为调高价格往往会引起消费者的反感，而调低价格则可能引发行业内竞争者之间的价格战，所以价格调整要讲究技巧。当需要变动时，可以先通过产品容量的增减间接地调整价格。例如，酱油生产企业在其产品包装上注明"送20%不加价"，这实际是在降价。如果瓶装酱油每瓶的容量从600mL下降为500mL而价格没有变，这实际是在提价。使用这种方法调整价格时需要注意：如果增加产品容量，那么增加量要在消费者的差别阈限之上，让消费者能察觉到；而在减少产品容量时，减少量要在消费者的差别阈限之下，让消费者对差别不敏感。

当必须对价格本身做调整时，也要慎重，不要轻易做大幅度的调整。因为价格调整本身可能有负面的迟滞效应。一旦提价就会把消费者赶到竞争者那里去，再想通过降价把他们拉回来可就不容易了；或者一旦降价让消费者得了实惠，再想把价格提上去，可能就会引起消费者更大的反感。

四、完善定价策略

企业定价面对的是复杂多变的环境。定价方法着重于确定产品的基础价格，而定价策略是根据市场中不同变化因素对产品价格的影响程度，运用不同的定价艺术与技巧，制定出适合市场变化的灵活机动的产品价格，从而实现定价目标的企业营销战术。定价策略的宗旨在于使产品的价格既能为消费者乐意接受，又能为企业带来较多的利润。

(一) 新产品定价策略

新产品上市能否成功，并给企业带来预期效益，定价因素十分重要。新产品定价策略主

第五章　产品价格制定

要有以下几种。

1. 撇脂价格策略

撇脂价格策略，即在新产品上市之初，把价格尽可能定得高些，以期在短时间内获得最大利润，就像从牛奶中撇取油脂一样，从市场内不在乎价格的消费者中提走精华部分。

撇脂价格策略的优点在于：①处于生命周期投入期的新产品，在投放到市场时采用此法，可以弥补高额的投资；②高价有利于限制竞争者的加入，为以后施行降价策略留有充分的余地；③可以避免因把价格定得太低而造成的失误，一旦定错价，减价容易提价难；④如果计划准备不充分或库存不足，此法可起到减缓产品流通的作用。

撇脂价格策略的缺点在于：①厚利易招致竞争；②不适合大批量生产；③在新产品生命周期的投入期，该定价政策会使消费者对此产品的感知和接受过程更缓慢；④这种定价政策更容易受到经济萧条的打击。

因此，撇脂价格策略作为一种短期价格策略，适用于具有独特的技术、不易仿制、有专利保护及生产能力不太可能迅速扩大等特点的新产品，同时，市场上要存在高消费或时尚性需求。

2. 渗透价格策略

渗透价格策略，即在新产品投入市场时，以较低的价格吸引消费者，从而很快打开市场，就像倒入泥土的水一样，从缝隙里很快渗透到底，从而获得最大的市场份额。

渗透价格策略的优点在于：①能使产品迅速渗入市场，扩大市场份额，产生规模经济效益；②容易获得竞争的主动权；③能为企业的未来赢得广泛的忠诚消费者；④阻止竞争对手介入，有利于控制市场。

渗透价格策略的缺点在于：①新产品利润低，收回成本周期长；②如果产品的生命周期短，那么结果将会是灾难性的；③如果初始定价过低，那么一旦提价，要克服消费者的心理障碍可能是很困难的。

因此，渗透价格策略作为一种长期价格策略，适用于能尽快大批量生产，产品差异小，特点不突出，易仿制，技术简单，消费者对价格敏感性强的新产品。

3. 满意价格策略

满意价格策略是一种折中的价格策略，它吸取上述两种定价策略的长处，采取比撇脂价格低，比渗透价格高的适中价格，既能保证企业获得一定的初期利润，又能为消费者所接受。这种策略的优点是风险小，在正常情况下目标利润可如期实现；缺点是比较保守，容易失去高额利润或高市场份额的机会，使企业不能灵活地适应瞬息万变的市场状况。

（二）相关产品定价策略

相关产品通常是指在消费使用上具有一定替代性或互补性的产品。生产经营多种产品的企业，可利用产品间的这种特性去制定相应的价格策略。

1. 替代品定价策略

替代品是指用途基本相同，可相互替代的同类产品。由于产品之间的替代性，消费者选择哪种产品往往偏重于价格，因此，降低某种产品的价格不仅会使该产品的销售量增加，还

111

会同时降低其替代产品的销售量。例如，企业有时有意抬高某种产品的价格，目的是将消费需求引向企业生产的的其他产品上去。"醉翁之意不在酒"正是这种价格策略的实质，企业提高某一知名度高的产品价格，其目的是达到增加企业其他产品的销售量。

2. 互补产品定价策略

互补产品是指只有相互配套才能被消费的产品。互补产品中，以价值大且使用寿命长的商品为主件，而价值小寿命短且需经常购买的产品为附件。企业降低主件产品价格，而将购买频率高的附件产品以高价出售，以主件带动附件产品的销售，以此获得较多利润。例如，照相机是"主件"，胶卷是"附件"，照相机价格低一点，使用的人多了，对胶卷的需求量自然会增加。又如，佳能彩色喷墨打印机售价800多元，远低于黑白打印机，但彩喷打印机的墨盒很贵，一个要130元左右，厂家主要靠卖这种特殊的墨盒赚钱。

3. 分级定价策略

分级定价策略是指企业将系列产品按等级分为几组，形成相对应的几个价格，而不是提供统一价格的策略。其目的是便于顾客按质选择比较，满足不同类型消费者的需求，从而促进销售。

4. 配套定价策略

配套定价策略，即把有关的多种产品搭配好后，一起卖出。顾客可能并不打算购买所有的产品，但组合价格有较大的降幅，以此来推动消费者购买。例如，配套家具组合、礼品组合、化妆品组合等。成套的销售，虽然其中的产品有赔有赚，但总体上保证企业盈利，而且相对便宜、方便，从而促进销售。

(三) 心理定价策略

企业在制定价格时，针对消费者的不同消费心理，揣摩其对价格的主要心理认定，采用不同的定价技巧和策略，满足不同消费者的需求。心理定价策略主要有以下几种：

1. 整数定价策略

企业在定价时，有意将产品价格定为整数的高价，以满足消费者崇尚名牌的心理。例如，一辆轿车定价280 000元，而不是278 680元。当消费只能凭借价格判断质量时，特别是面对一些名牌、名店商品，整数价格反而会提高商品的"身价"，使消费者有"一分钱、一分货"的想法。例如，化妆品的定价中，绝大部分消费者认为高价购买高品质的化妆品，因此将定价约80元每瓶的护肤霜改为定价100元每瓶，反而使其更畅销。

2. 尾数定价策略

尾数定价策略也称为非整数定价策略，给产品一个接近整数，以零头数结尾的非整数价格，这样使消费者产生这是经过精确计算的最低价格的心理，又觉得企业定价一丝不苟，从而对企业产品及其定价产生信赖感。一般产品在5元以下的，末位数是9的定价最受欢迎；在5元以上的，末位数是95的定价最受欢迎；在100元以上的，末位数是98、99的定价最畅销。当然，尾数定价策略对那些名牌优质产品就不一定适宜。

3. 声望定价策略

企业利用消费者"价高质必优"的心理，对享有盛誉的产品制定比市场上同类产品更高的价格。价格档次通常被当作产品质量最直观的反映，消费者识别名优产品时，这种心理意识尤为强烈。有报道称，在美国市场，手工做的布鞋最受欢迎，但质量好、价格低的中国货却竞争不过质量相对差、价格却高的韩国货，其原因是在美国人眼中，高价就意味着高档次。这种声望定价策略同人们心理的高定价、高质量相匹配，同时，满足消费者的炫耀心理。

4. 招徕定价策略

招徕定价策略也称为特价品策略，是指零售商利用部分顾客求廉的心理，特意将某几种商品的价格定得较低以吸引消费者，使顾客在采购低价品的同时，也选购了其他正常价格的商品。这类"特价品"的价格确实很低，又是消费者常使用的，几乎不赚钱，甚至亏本，但对企业总体经济利益是有利的。

5. 最小单位定价策略

最小单位定价策略是指企业把同种商品按不同的数量包装，以最小包装单位量制定基数价格，包装越小，实际的单位数量商品的价格越高；包装越大，实际的单位数量商品价格越低。这种定价策略能满足消费者在不同场合下的需求，还巧妙地利用消费者的心理错觉，因为小包装的价格使人误以为廉价，实际生活中消费者很难也不愿意计算出实际重量单位或数量单位商品的价格。例如，超市的洗衣粉为1 000g装，定价11.80元，销路不好；但是500g装且定价为6.60元时，销路看好，因为消费者对重量的敏感远远低于价格。

6. 习惯定价策略

习惯定价策略是指某些产品在长期购买使用中，在市场上已形成一种习惯性的价格水平。这类产品差异很小，企业只能依习惯确定价格。尤其新产品开发，只要基本功能与用途不变，消费者往往只愿意按习惯价格购买产品。经营这类产品或服务的企业，重点在于成本控制，不能轻易改变价格，减价会引起消费者怀疑产品的质量，涨价会影响产品的市场销路。

（四）折扣定价策略

在交易过程中，通过减少一部分价格或转让一部分利润给消费者，以此来争取更多顾客的价格策略。

1. 现金折扣策略

现金折扣是指根据消费者在规定付款时间内付清款项而折价让利的一种折扣形式，实际是一种变相降价。这一方式可吸引较多消费者，鼓励购买者提前付款，以尽快收回投资，加速资金周转。例如，消费者在30天内必须付清全部货款，提前10天付款者，给予2%折扣；提前20天付款者，给予3%折扣。

2. 数量折扣策略

数量折扣是指根据购买者购买数量来决定价格折价程度，购买数量越多，折价越多。这是鼓励和吸引消费者长期大量购买的一种定价策略，可分为累计数量折扣和非累计数量折扣。累计数量折扣是指规定在一定时期内，购买总数超过一定数额时，按总量给予一定的折扣。例如，消费者在一年中累计进货超过1 000件，每次购货时按基本价格结算收款，到年终，营销企业按全部价款的5%返还给该消费者。非累计数量折扣是指以消费者每次购买的数量达到折扣标准时就给予相应的折价。例如，根据每次交易的成交量，按不同的价格折扣销售，购买100件以上按基本价款的95%收款，购买500件以上按90%收款，购买1 000件以上按80%收款。

3. 季节折扣策略

季节折扣是指企业给那些购买过季商品的消费者的一种减价，使企业的生产和销售在一年四季保持相对稳定。例如，雪橇制造商在春夏季给零售商以季节折扣，以鼓励零售商提前订货；航空公司在旅游淡季营业下降时给旅客以季节折扣。

4. 业务折扣策略

业务折扣也称为功能性折扣或交易折扣，即生产企业根据各类中间商在本产品市场营销过程中所担负的不同的职能，给予不同的让利折扣。例如，生产厂商报价100元，折扣30%及10%，表示给零售商折扣30%，即70元，给批发商则再折扣10%，即63元。这样，给批发商的折扣较大，给零售商的折扣较小，使批发商乐于大批进货，其目的在于充分调动各类中间商的销售积极性。

学习参考

银座的定价策略

日本东京银座美佳西服店为了销售商品采用了一种折扣销售方法，颇获成功。具体方法是先发一则公告，介绍某种商品品质、性能等一般情况，再宣布折扣销售天数及具体日期，最后说明打折方法。第一天打九折，第二天打八折，第三、四天打七折，第五、六天打六折，以此类推，到第十五、十六天打一折。这个销售方法的实践结果是：第一、二天消费者不多，来者多半是来探听虚实和看热闹的。第三、四天消费者逐渐多起来，第五、六天打六折时，消费者像洪水般涌向柜台争购。以后连日爆满，没到一折售货日期，商品早已售空。这是一则成功的折扣定价策略。妙在准确地抓住了消费者的购买心理，有效地运用折扣售货方法销售。人们当然希望买质量好又便宜的商品，最好能买到二折、一折价格出售的商品，但是有谁能保证到你想买时还有商品呢？于是出现了前几天消费者犹豫，中间几天抢购，最后几天买不到的消费者惋惜的情景。

5. 折让策略

折让是指根据价目表给消费者以价格折扣的一种类型。例如，一辆"好孩子"儿童电瓶车标价1 000元，消费者以一辆旧的"好孩子"儿童电瓶车折价200元，只需再给800元就可购买一辆新车，这称为以旧换新折让。如果经销商同意参加制造商的促销活动，则制造商卖给经销商的儿童电瓶车可以打折扣，这称为促销折让。

（五）需求差异定价策略

需求差异定价也称为市场细分定价，是指企业按照两种或两种以上不反映成本费用的差异价格的比例来销售某种产品或服务。其目的在于适应消费者的不同需要，以增加销量，提高收益。需求差异定价策略主要有以下几种形式。

1. 消费者差价策略

消费者差价策略是旨企业按不同的价格把同一产品或服务卖给不同的消费者。例如，工业用电和民用电按两种电价收费；把同一型号汽车高价卖给消费者 A，较低价卖给消费者 B 等，都属于这种情况。

2. 产品外观形式差价策略

产品外观形式差价策略是指企业对不同型号或形式的产品分别制定不同的价格，但是，不同型号或形式产品的价格之间的差额和成本费用之间的差额并不成比例。例如，相对于质量水平相等的产品，样式陈旧的定价低，样式新颖的定价高。决定价格差大小的并不是成本的差异，而是需求程度的不同。

3. 地理差价策略

地理差价策略是指企业以不同的价格策略在不同地区营销同一种产品，以形成同一产品在不同空间的横向价格策略组合。差价的原因不仅是因为运输和中转费的不同，还因为不同地区市场，具有不同的爱好和习惯以及互不相同的需求弹性。一般来讲，对于富裕的、需求弹性小的地区，价格应高一些；而收入较低、需求弹性较大的地区，应降低价格。例如，沿海与内地的价格，国内市场与国外市场的价格；大城市著名酒店对饮料的需求呈现的强度高于小城镇的街边饮食店，即使是同种饮料，前者的价格要明显高于后者。

4. 时间差价策略

时间差价策略是指对相同的产品，按需求时间的不同而制定不同的价格。这只能在时间需求的紧迫性差别很大时才能采用。例如，旅游业在淡旺季定价不同；夜间实行廉价的长途电话费；旺季产品淡季降价出售；某些鲜活产品早晚市价不同等。这种策略能减少企业仓储费用，加速资金周转，从而保证企业处于最佳竞争状态。

5. 用途差价策略

用途差价策略是指根据产品的不同用途制定有差别的价格。其目的是通过增加产品的新用途来开拓市场。例如，食用盐加入适当混合物后成为海味盐、调味盐、牲畜用盐、工业用盐等，不同用途的盐以不同的价格出售；奥运会期间，标有会徽或吉祥物的产品的价格，比其他没有标记的同类产品价格要高出许多。

6. 分级差价策略

企业对同一类产品进行挑选整理，分成若干级别，各级之间保持一定价格差额的策略称为分级差价策略。这种策略是依据市场对该产品的需求情况而制定的，其目的是为了便于顾客选购，以满足不同层次的消费需求。

7. 质量差价策略

要使产品的质量为广大消费者所认识和承认，要成为消费者偏爱的名牌产品，才能产生质量差价。对已创名牌的优质产品，可用较大的差价来提高产品的身价，吸引喜爱名牌产品的消费者。

采用需求差异定价，必须具备 5 个条件：①市场能够细分，能明确区分需求差异；②获得优惠的顾客没有转手的机会高价倒卖产品；③不会因价格的不同引起顾客反感而放弃购买；④细分与控制市场的费用不应超过差别定价所带来的额外收入；⑤差别定价的特定形式不能违法。

（六）提价策略

随着市场竞争的日益激烈，企业对产品价格做一定降低，就不会也不能再生硬地提上来。例如，家电企业的价格战、节日促销等，事后再恢复原价，消费者往往不买账。可许多成功企业一直在降价，却仍日进斗金，效益很好，其事实并不是一直在降价，而是通过提高产品质量和档次、增加功能、提高性能、改变花色品种等手段，人为制造产品差异，以所谓新一代产品的形式提价。例如，旧的计算机降价后，还会有数万元价格的新计算机推出，而且总让消费者的计算机过时。这就是人们关于计算机降价的信息绵延不断，而计算机价格并没有降下来的根本原因。

知识回顾

本章主要介绍了产品定价的方法。商品定价首先要做到知彼，了解消费者的内心需求。消费者的心理可以划分为 5 个层次，分别是生理的需要、安全的需要、爱和归属的需要、尊重的需要及自我实现的需要。营销中要注意价格、促销及服务对消费者心理的影响，制定适当的策略。而影响价格的因素则是由成本、需求、竞争、法律和政策、企业产品及企业自身等方面因素的影响。价格制定的程序则通常包括回顾目标市场、分析价格现状、确定定价目标、选择定价方法、制定价格方案，最后对价格进行调整。制定价格的策略是要依据实际的情况，围绕新产品、相关产品、消费者心理、消费折扣、需求差异、提价等方面因素的影响。

拓展阅读

"洋超市"的定价策略

外资零售业抢滩中国市场，其影响度、市场占有率都是人们始料未及的。随着国内改革开放步伐的加快，外资抢滩中国零售市场的状况还会越演越烈。1999 年，随着《外商投资商业企业试点办法》的颁布，国内商业领域利用外资试点地区已从原来的 6 个城市、5 个特区，扩大到所有的省会城市、自治区首府、直辖市和计划单列市，经营类型也由零售扩大到批发。面对外资零售业的强大攻势，我国零售业曾多次组织专人明察暗访，摸索其经营诀窍，但效果甚微。症结在于我们仅模仿了外资商业的外形，而未抓住它的灵魂。外资商业进入中国市场能获得惊人业绩，使用的共同的招术是迎合了中国消费者对价廉优质商品的偏好，打出价格撒手锏——低价位策略。

"洋超市"以最具吸引力的平价打入中国市场。这对于一向以低物价、低工资、低购买力而闻名于世的中国消费者来讲，绝对是件好事。因为消费者（特别是中低收入阶层）对价廉质优商品的偏好是永恒的。这正是"洋超市"短期内迅速打开中国市场的关键所在。

以大家熟知的雀巢咖啡为例，250g 瓶装在天津市外资平价超市售价为 63.50 元，职工消费合作社为 67.20 元，国内中小超市为 73.50 元，便民店为 80 元，但是，经过资深人士分析，发现外资超市的平价并非是所有产品，在定价策略上他们采取了以下几种方法：

1. 敏感产品价格策略

对大众日常消费品，如柴、米、油、盐、酱、醋等，由于购买频率高，消费者对其价格水平记忆深刻，易于比较，因此，外资超市对此类产品采用低价策略。例如，天津 225g 甜面酱，多年来零售价一直为 0.90~1 元，已成为消费者认可的心理价位；然而，"洋超市"却只卖 0.75 元，促销期间是 0.65 元。这样的价格几乎是国内中小超市的进货价格，这使外资超市一开业就轻而易举地使周围商店黯然失色，这就是市民们像遇到重大节日一样，把"洋超市"挤得水泄不通的关键所在。超市就是利用"货比三家"的消费心理，在善于口头传播的消费者中建立信誉，从而扩大市场占有率。

2. 一般产品价格策略

对消费者不十分敏感、同类品牌较多、短期内很难做出价格比较的产品，一般采用正常经营成本加适当毛利定价，但以不高于市价为原则。毛利率均控制为 10%~15%，而国内零售业加价为 15%~20%。外资商业还有进货多的优势，以超规模、大流量向厂家争取到最有利的进价，从而又增强了价格竞争实力，国有中小超市对此更是望尘莫及。

3. 冲动商品价格策略

这类产品一般是指保健品、护肤品、礼品、休闲娱乐品等。由于这些产品进货量不一，市场定位有差别，客观上存在着价格弹性大、敏感度小，消费者很难比较，也很难通过产品本身来判断是否"值"。而且，这部分产品消费文化色彩浓，以追求新潮、时尚的青年人为主要消费对象。他们购买这类产品不是计划好再买，而是一时冲动，随机现象较多。因此，利用消费者求新、求特、求异的心理以及冲动消费的特性，价格可依不同时间、不同地理位置而有所不同。这种高价并不影响超市的低价形象。

4. 限时价格策略

为了获取更大的市场占有率，提高外资商业的知名度与美誉度，每年的节日、周年店庆及市场淡季都搞大规模的促销活动，用以刺激消费者购物的兴奋点。一般做法是：在本来很低的价格基础上，厂商双方共同让利，一般各在 5% 的水平，但是要限时，形成消费者看时消费。例如，某膨化食品平时价格为 5.35 元，其他超市价格均为 5.90 元，促销期间价格降至 4.40 元。促销期仅半个月。如此的价格吸引力，给本已很平淡的消费购物行为带来了高潮，也形成了外资商业的基本消费群体。

5. 以盈补缺策略

以低价吸引消费者大批购买自己的某种产品，同时，以相关系统产品获利。例如，现在许多"洋超市"都把电器产品的价格定得很低，以吸引顾客，而在各种辅助设备上赚回利润。

6. 平头低尾策略

就是将价格的"龙尾"微微向下落一落。给人以下降很多的感觉。标价 198 元和标价

200元经常给人两个价格水平的感觉，其实相差只有2元，只占1%。

7. 错觉定价策略

某"洋超市"的奶粉为500g装，定价9.30元，然后又推出一种450g装的产品，定价8.50元，一时销路看好。因为消费者对质量的敏感程度要远远低于价格。仔细算一下就会发现，二者的单位定价相差无几，而且后者还略高一点。

8. 季节折扣策略

季节折扣是根据消费者购买行为发生的时间来确定是否给予折扣和给予多少折扣。例如，消费者较早购买了某种产品，或者是在规定时间内购买了某种产品，他就可以得到这种折扣。另外，许多产品的销售量都存在着季节性变化，根据所谓销售的"旺季"和"淡季"之分来给予相应折扣，也属于这种类型。

9. 心理定价策略

针对消费者的消费心理，"洋超市"在制定价格时喜欢在价格上留下一个"小尾巴"。在其所销产品中，尾数为整数的仅占15%左右，85%左右的产品价格尾数为非整数。而在价格尾数中又以奇数为多，占80%左右，其中尾数为5和9的又占各类价格的50%。这就让消费者感觉到99元一件的产品比100元一件的产品便宜，101元一件的产品太贵，尽管只多了一两元，价格却仿佛上了一个新台阶。

第六章

市场分销促销

分销促销是指把营销工作落到实处。一般来说，分销要通过批发与零售的渠道或者通过代理商把货物推向市场，而促销就要把其他营销手段融入营销活动中。随着我国市场经济的发展，分销与促销手段越来越多样化，各类营销方式层出不穷。本章通过对批发零售的介绍，把分销与促销相关的知识顺次融入进来，使读者能够对其有更深入的了解。

知识目标

1. 了解批发商的含义与类型。
2. 了解零售商的类型。
3. 理解渠道成员的选择。
4. 理解渠道成员的评价。
5. 掌握分销渠道的管理。
6. 理解促销目标、AIDMA 法则、推拉策略。
7. 掌握常见的广告促销策略。
8. 理解公共关系的含义与效用。
9. 掌握公关宣传策略。

技能目标

1. 能够理解批发商和零售商之间的关系，并灵活运用。
2. 能够对渠道成员进行正确评价和选择。
3. 掌握协调渠道成员矛盾的方法。
4. 能够做出促销的预算。
5. 掌握常见的公共关系宣传方法。

知识导图

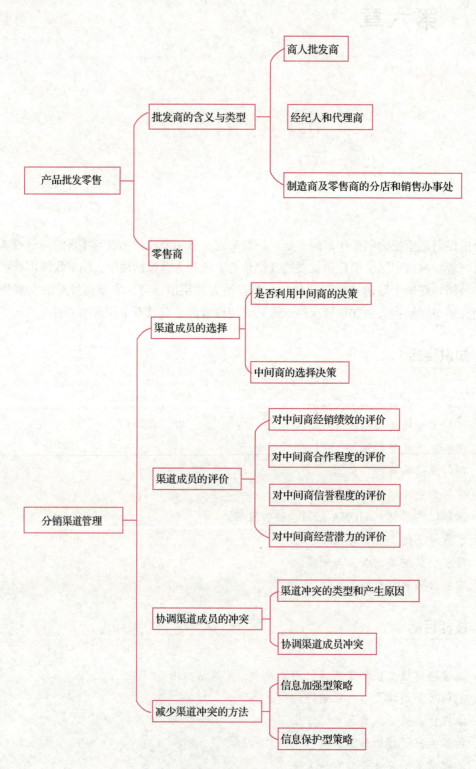

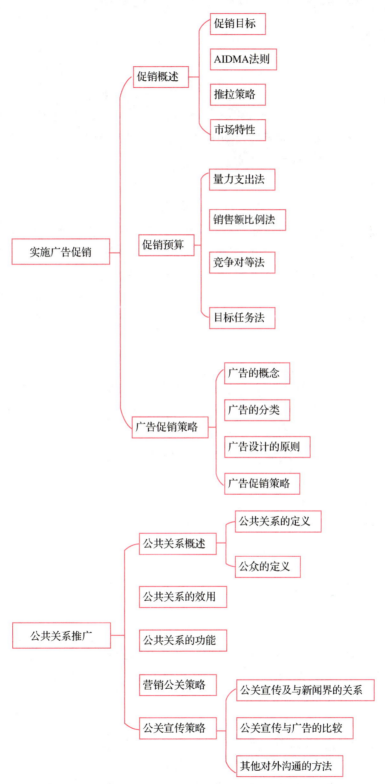

市场营销

案例导入

"娃哈哈"的媒体组合

"娃哈哈"是一种家喻户晓的儿童营养液,在江浙一带几乎已深入到每一个家庭,然而其在北京的市场占有率并不高。如何使北京市民也喜爱"娃哈哈"呢?聪明的企业家决定使用广告媒体组合的方式打破这个缺口。

"娃哈哈"首先选择报纸媒介进行"巷战"。因为"娃哈哈"是一种营养型口服液,而市场上口服液品种繁多,消费者所需要的是科学性的指导和解说,而报纸应是首选。它们选择的主要报纸有《北京日报》《北京晚报》《北京广播电视报》《健康报》《中国医药报》《中国妇女报》《中国少年儿童报》《中国科技日报》《经济日报》。整个活动以《北京晚报》为主,这个媒介在北京拥有读者最多,是最理想的发布媒介。

在消费者对其有一定了解后,"娃哈哈"把重点放在了电视广告上。它们选择了北京电视台作为主要媒介,其理由是北京市民对市电视台在一定程度上要比其他电视台有亲近感,收视率高,而且经济合算,收费适中。电视广告播出后,反响强烈,收到了预期的效果。

"娃哈哈"对广播媒体也不放过。北京市民收听广播的习惯一直较好,因此可以借助广播电台的力量"为我所用"。广告分为两则,一则,以抒情诉求方式为主;另一则,以产品告示诉求方式为主,都取得了良好的效果。

另外,"娃哈哈"还联系了几个地段,树立路牌,做起了户外广告,扩大了产品的影响范围。

"娃哈哈"的广告媒体组合策略为企业和产品树立了良好的形象,赢得了广大消费者的青睐,"娃哈哈"可以说是隔着门缝吹喇叭——名(鸣)声在外了。

一、产品批发零售

(一)批发商的含义与类型

批发是指将产品销售给为了转卖或者商业用途而进行购买的一切活动。这里使用批发商这个词来描述那些主要从事批发业务的公司。批发商主要3种类型:商人批发商、经纪人或代理商、制造商及零售商的分店和销售办事处。

1. 商人批发商

商人批发商是指自己进货,取得产品所有权后再批发出售的商业企业,也就是人们通常所说的独立批发商。商人批发商是批发商中最主要的类型。

商人批发商按职能和提供的服务是否完全来分类,可分为以下两种类型:

(1)完全服务批发商:这类批发商执行批发商业的全部职能,他们提供的服务主要有保持存货、雇用固定的销售人员、提供信贷、送货和协助管理等。他们分为批发商和工业分销商两种。批发商主要是向零售商销售，并提供广泛的服务；工业分销商向制造商而不是向零售商销售产品。

（2）有限服务批发商：这类批发商为了减少成本费用，降低批发价格，往往只执行一部分服务。有限服务批发商的主要类型有以下几种：现购自运批发商，不赊销，也不送货，消费者要自备货车去批发商的仓库选购产品；承销批发商，他们拿到消费者（包括其他批发商、零售商、用户等）的订货单，就向制造商、厂商等生产者进货，并通知生产者将产品直接运给顾客；卡车批发商，他们从生产者那里把物品装上卡车后，立即运送给各零售商店、饭馆、旅馆等消费者；托售批发商，他们在超级市场和其他食品杂货商店设置自己的货架，展销其经营的产品；邮购批发商，借助邮购方式开展批发业务的批发商。

学习参考

批发环节会被淘汰吗

20世纪20年代中期，美国就有一些人预言，随着连锁店的兴起及制造商和零售商的不断发展壮大，独立批发环节将逐渐被淘汰。在日本20世纪60年代的"流通革命"中，一些大生产商设置自己的销售公司，大零售商也直接从生产商处进货，人们认为独立批发商已没有存在的必要性。在我国经济体制改革的初期，一些人同样认为应该砍掉批发环节，认为批发环节"肿而胖"，理应逐步淘汰。

2. 经纪人和代理商

经纪人和代理商是从事购买或销售或二者兼备的洽商工作，但不取得产品所有权的商业单位。与商人批发商不同的是：他们对经营的产品没有所有权，所提供的服务比商人批发商还少，其主要职能在于促成产品的交易，借此赚取佣金。与商人批发商相似的是：他们通常专注于某些产品种类或某些消费者群。经纪人和代理商主要分为以下几种。

（1）产品经纪人。产品经纪人的主要作用是为买卖双方牵线搭桥，协助他们进行谈判，待交易达成后向雇用方收取费用。他们并不持有存货，也不参与融资、不承担风险。

（2）制造商代表。制造商代表比其他代理批发商人数更多。他们代表两个或若干个互补的产品线的制造商，分别与每个制造商签订有关定价政策、销售区域、订单处理程序、送货服务和各种保证及佣金比例等方面的正式书面合同。他们了解每个制造商的产品线，并利用其广泛的关系来销售制造商的产品。制造商代表常被用在服饰、家具和电气产品等产品线上。大多数制造商代表都是小型企业，雇用的销售人员虽少，但都极为干练。

（3）销售代理商。销售代理商是在签订合同的基础上，为委托人销售某些特定产品或全部产品的代理商，对价格、条款及其他交易条件可全权处理。销售代理商在纺织、木材、某些金属产品、某些食品、服装等行业中十分常见。在这些行业中的竞争非常激烈，产品销路对企业的生存至关重要。

（4）采购代理商。采购代理商一般与消费者有长期关系，代替他们进行采购，往往负责为其收货、验货、储运，并将产品运交买主。例如，服饰市场的常驻采购员，他们为小城市的零售商采购适销的服饰产品。他们消息灵通，可向买主提供有用的市场信息，而且还能以最低的价格买到最好的产品。

3. 制造商及零售商的分店和销售办事处

批发的第三种形式是由买方或卖方自行经营批发业务，而不通过独立的批发商进行。这种批发业务可分为以下两种类型。

（1）销售分店和销售办事处。生产者往往设立自己的销售分店和销售办事处，以改进其存货控制、销售和促销业务。销售分店持有自己的存货，大多数经营木材和自动设备零件等；销售分店不持有存货，在织物制品和针线杂货业最为突出。

（2）采购办事处。许多零售商在大城市设立采购办事处。这些办事处的作用与经纪人或代理商相似，它是买方组织的一个组成部分。

随着市场经济的发展，批发业将主要通过兼并、合并和地区扩张来实现持续发展。地区扩张要求分销商懂得如何在更广泛和更复杂的地区内有效地竞争。计算机系统的使用和日益推广，将有助于批发商在这方面开展业务。批发商在扩大其地区范围时，将越来越多地雇用外部公共或私人运输工具运送产品，外国公司在分销方面所起的作用将有所加强。此外，对批发业主管人员和管理人员进行培训的工作也将主要由行业协会来承担。

（二）零售商

零售是指所有向最终消费者直接销售产品和服务，用于个人及非商业性用途的活动。任何从事这种销售活动的机构，不论是制造商、批发商还是零售商；也不论这些产品和服务是如何销售（经由个人、邮寄、电话或自动售货机）或是在何处（在商店、街上或在消费者家中）销售的，都属于此范畴。零售商或零售商店是指那些销售量主要来自零售的商业企业。

我国工商局将零售业商店分为8类：百货店、超级市场、大型综合超市、便利店、仓储式商场、专业店、专卖店、购物中心。从现代社会发展情况来看，最主要的零售商店类型有以下几种：

1. 专用品商店

专用品商店经营的产品线较为狭窄，但产品的花色品种较为齐全。根据产品线的狭窄程度可以将专用品商店再分为3类：一是单一产品线商店，如服装商店；二是有限产品线商店，如男士服装店；三是超级专用品商店，如男士定制衬衫店。在这3类专用品商店中，超级专用品商店的发展最为迅速，因为它们可以利用子市场、目标市场和产品专业化的机会越来越多。

2. 百货商店

百货商店一般销售几条产品线的产品，尤其是服装、家具和家庭用品等，每条产品线都作为一个独立部门由专门的采购员和营业员管理。此外，还有一些专门销售服装、鞋、化妆品、礼品和皮箱的专用品百货商店。由于百货商店之间竞争激烈，而且还有来自其他的零售商，特别是来自折扣商店、专用品连锁商店、仓储零售商店的激烈竞争，再加上交通拥挤、停车困难以及中心商业区的衰落，百货商店正逐渐失去往日的魅力。

3. 超级市场

超级市场是指规模巨大、成本低廉、薄利多销、自我服务的经营机构，主要经营各种食品和家庭日用品等。超级市场的主要竞争对手是方便商店、折扣商店和超级商店。

4. 方便商店

方便商店设在居民区附近，营业时间长，每周营业 7 天，销售品种范围有限、周转率较高的方便产品。消费者主要利用它们做"填充"式采购，因此其售价要高一些，但是，它们满足了一些重要的需求，消费者愿意为这些方便产品支付高价。

5. 超级商店、联合商店和特级商场

超级商店比传统的超级市场更大，主要销售各种食品和日用品。它们通常提供洗衣、修鞋、支票付现、代付账单和廉价午餐等服务。联合商店的面积比超级市场和超级商店更大，呈现一种经营多元化的趋势，主要向医药领域发展。特级商场比联合商店还要大，其综合了超级市场、折扣和仓储零售的经营方式，花色品种超出日常用品，包括家具、大型和小型家用器具、服装和其他许多品种。其陈列产品的基本方法是原装产品陈列，尽量减少商店人员的搬运，同时，向愿意自行搬运大型家用器具和家具的消费者提供折扣。

6. 折扣商店

真正的折扣商店具有下列特点：①商店经常以低价销售产品；②商店突出销售全国性品牌，因此价格低廉并不说明产品的质量低下；③商店在自助式、设备最少的基础上经营；④店址趋向于在租金低的地区，要能吸引较远处的消费者。折扣商店之间、折扣商店与百货商店之间的竞争非常激烈，从而导致许多折扣零售商经营品质高、价钱贵的产品。它们改善内部装修、增加新的产品线，如服饰；增加更多服务，如支票付现、方便退货；在郊区购物中心开办新的分店。这些措施导致折扣商店成本增加，被迫提价。另外，百货商店经常降价与折扣商店竞争，使二者之间的差距日益缩小。折扣零售已经从普通产品发展到专门产品，如体育用品折扣商店、电子产品折扣商店和折扣书店。

学习参考

新零售

企业以互联网为依托，通过运用大数据、人工智能等先进技术手段，对产品的生产、流通与销售过程进行升级改造，进而重塑业态结构与生态圈，并对线上服务、线下体验及现代物流进行深度融合的零售新模式。未来电子商务平台即将消失，线上线下和物流结合在一起，才会产生新零售。线上是指云平台，线下是指销售门店或生产商，新物流消灭库存，减少囤货量。2016 年 11 月 11 日，国务院办公厅印发《关于推动实体零售创新转型的意见》（以下简称《意见》）（国办发〔2016〕78 号），明确了推动我国实体零售创新转型的指导思想和基本原则。《意见》在促进线上线下融合的问题上强调："建立适应融合发展的标准规范、竞争规则，引导实体零售企业逐步提高信息化水平，将线下物流、服务、体验等优势与线上商流、资金流、信息流融合，拓展智能化、网络化的全渠道布局。"

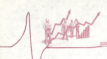

7. 网上商店

网上商店又称"虚拟商店""网上商场"或"电子商场",是电子零售商业的典型组织形式,是建立在互联网上的商场。它是一个可以让顾客在计算机中购物、商人既可以贩卖产品服务又可以缩减维护实际店面营销成本的地方。类似于现实世界中的商店,差别是利用电子商务的各种手段,达成从买到卖的实现过程,从而减少中间环节,消除运输成本和代理中间的差价,为普通消费和加大市场流通带来巨大的发展空间。

网上商店为个人用户和企业用户提供人性化的全方位服务,并努力为用户创造亲切、轻松和愉悦的购物环境,不断丰富产品结构,最大限度地满足消费者日趋多样的购物需求,并凭借更具竞争力的价格和逐渐完善的物流配送体系等各项优势,赢得市场占有率多年稳居行业首位的骄人成绩,它也是时代发展的趋势。

8. 直接销售

直接销售主要有挨门挨户推销、逐个办公室推销和举办家庭销售会等形式。推销人员可以直接到顾客家中或办公室进行销售,也可以邀请几位朋友和邻居到某人家中聚会,在那里展示并销售产品。直接销售成本高昂(销售人员的佣金为 20%~50%),而且还需支付雇用、训练、管理和激励销售人员的费用。由于越来越多的妇女在白天要上班工作,因此直接销售这一方法的前途一时难以断定。

二、分销渠道管理

(一)渠道成员的选择

企业在销售渠道决策过程中,一是要确定是否利用中间商;二是要确定利用什么样的中间商。这也是进行销售渠道决策过程中的关键问题。

1. 是否利用中间商的决策

在产品销售过程中,生产企业可以不利用中间商而由本企业直接进行产品销售,也可以利用中间商间接地进行产品销售,至于采用哪一种销售方式,则需要对影响产品销售的企业内、外部环境进行全面分析论证,才能做出正确的判断。生产企业是否利用中间商进行产品销售,应着重考虑以下因素:

(1)市场因素。市场是决定是否利用中间商进行产品销售的一个重要因素。市场因素对是否利用中间商的影响作用,主要表现在以下几个方面。

第一,在产品市场面非常集中的情况下,一般不用中间商推销产品,而由生产企业自行负责产品的销售。因为市场面集中,不需要相当大的经营能力和销售力量,就能满足产品销售的需要,而且直接销售对生产企业来说,可能创造更好的效益。

第二,在产品市场面非常分散的情况下,就需要利用中间商间接地进行产品销售。因为市场越分散,需要的销售力量就越大,销售成本也就越高,占有的销售时间也就会越长。生产企业利用中间商进行间接销售,可在不增加销售力量的同时,扩大产品的市场销售并能少负担或不负担市场销售费用,以便于集中力量搞好生产。

第三,针对具体的细分市场,确定是否利用中间商进行产品销售。例如,工业品市场用户需要的大型机器设备和原料，一般愿意从生产企业直接进货，无须利用中间商，而采用生产企业直接销售。与此相反，对绝大多数消费品的市场销售而言，其消费者广泛，他们不便于从生产企业直接购买。因此，生产消费品的企业应利用中间商进行间接销售。

（2）产品因素。产品的性质不同，也影响到是否利用中间商进行销售。例如，新产品、技术性强的产品、具有特殊用途的产品和易变质、易破碎、易腐蚀的产品等，一般不必利用中间商进行间接销售，以企业自行销售为宜。如果是通用品、日常生活用品和使用广泛的原材料等，一般则应利用中间商进行间接销售。另外，从购买角度来看，消费者购买这些产品的次数频繁，每次购买数量又较少，习惯于从零售商手中购买，因此，利用中间商进行产品销售，能够有效地扩大产品销售并提高销售效率。

（3）营销能力因素。是否利用中间商销售产品，还取决于生产企业的经营条件、销售力量和推销能力。如果生产企业具有丰富的市场知识，掌握市场销售情况，善于开展产品促销活动，具备良好的市场经营条件，有一支素质高、销售力量强和经验丰富的销售队伍以及高效且分布合理的销售网点，则可不必利用中间商进行销售，企业生产的产品可以全部进行自销。假如生产企业缺乏相应的营销能力，就只能选择中间商进行间接销售。

消费品分销渠道的模式如图6-1所示。

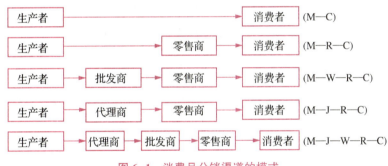

图6-1　消费品分销渠道的模式

2. 中间商的选择决策

生产企业在确定利用中间商间接进行本企业产品销售之后，还要考虑选择什么样的中间商最为合适。企业在进行中间商的选择决策时，应充分考虑如下几种因素。

（1）地理位置。中间商所处的地理位置与其产品销售的市场范围是一致的。生产企业选择中间商推销产品时，首先应考虑中间商所处的地理位置，与本企业产品的目标市场是否一致，只有中间商面向的市场范围与本企业产品预计销售的区域相一致，才能充分发挥中间商的销售功能，确保企业的产品得到有效推销。例如，生产农药产品的企业，应选择位于乡镇地区的农业生产资料批发商和零售商经销本企业的产品。这些中间商由于地理位置处于对农药产品有需求的广大农村地区，因此更便于本企业产品的大量销售。

（2）购买特点。生产企业在进行中间商的选择决策时，还应考虑购买者的购买习惯及其影响作用。例如，一些生产资料产品，购买者大多数情况下采用大批量购买方式，因此针对这类产品，应选择专门经销这类产品的批发商，一般不必再选用零售商进行销售。另外，对购买者众多、购买频率很高，但每次购买数量很少的产品，如日用消费品、通用标准件等，则应选择批发商、零售商等多层次中间商负责产品的销售。这样，虽然增加了销售渠道的中间环节，但有效提高了销售效率，增加了产品销售。

（3）促销政策。生产企业在选择中间商时，还必须考虑其中间商采取哪种促销政策。特别是采取专营性销售渠道策略和选择性销售渠道的生产企业，往往要求中间商负责一部分广告促销费用或负责开展一些广告促销活动。这就要求在选择中间商时，必须充分考虑这类中间商是否愿意承担部分广告促销费用，或者是否愿意开展一些广告促销活动。假如中间商不愿承担这方面的义务，生产企业就要改变选择，而重新考虑选择其他的中间商。与此同时，一些中间商常常要求生产企业帮助设立产品陈列橱窗和进行产品操作示范等，这也是生产企业在选择中间商时所必须考虑的因素。另外，如果生产企业要求独家代理商或批发商开展人员推销业务，则其满足程度也是生产企业选择中间商时必须考虑的因素。

（4）经销能力。中间商的经销能力，是生产企业选择中间商时必须认真考虑的重要因素之一。生产企业选择的中间商应具有经销本企业产品的专门知识和经验，以及相应的市场推销能力，能够满足企业产品销售的需要。例如，生产高新技术产品的企业选择的中间商应具备精通高新技术产品和推销该项高新技术产品的能力。又如，生产需要保鲜的产品的企业，选择的中间商应具备冷藏设备，以免产品在销售过程中腐烂变质。总之，生产企业选择的中间商应具有很强的经销能力，这样才能迅速打开市场，扩大产品销售，提高市场占有率。假如中间商销售能力不强，经营条件很差，那么则很难打开市场，从而不利于扩大产品销售，对生产企业的市场开拓和再生产都会产生不利的影响。

（5）销售服务。在选择中间商时，生产企业还应考虑到中间商的销售服务条件和能力。例如，生产耐用消费品、办公用品和机器设备产品的企业，在选择中间商的过程中，必须充分考虑中间商是否具备维修服务所需要的技术力量。因为消费者购买这类产品通常会有提供维修服务的要求，生产企业往往不可能派出技术人员或建立广泛的维修网点开展维修服务，所以需要选择具有提供维修服务能力的中间商，为自己的企业销售产品。

（6）市场信誉。中间商的市场信誉，也是生产企业选择中间商时必须考虑的一个重要因素。如果中间商的市场信誉很高，前往购买的消费者数量就多，产品销售效率就高。如果选择市场信誉很低的中间商经销本企业的产品，则不仅关系到本企业产品是否能销售出去，甚至连本企业的市场信誉也会受到不同程度的影响。

（7）信息反馈。中间商的市场信息反馈能力强弱，对生产企业也是十分重要的。因为中间商是企业市场情报信息的一个重要来源。生产企业把产品经销权赋予少数中间商之后，一般同中间商接触很多，与消费者直接接触很少，以至于消费者对本企业产品的各种反映情况以及市场发展变化趋向和竞争对手相关的情况信息，往往需要中间商负责搜集和反馈，所以，能否及时准确提供必要的市场信息也是生产企业在选择中间商时所应考虑的重要因素。

（二）渠道成员的评价

对企业所选择的销售渠道的功能发挥得如何、销售效率如何、中间商是否得力，以及能否满足企业产品销售的需要，进而保证企业经营目标的实现，必须进行认真的、经常性的评价，以便做出正确的判断。销售渠道的效能和作用如何，关键在于经销本企业产品的中间商。

1. 对中间商经销绩效的评价

企业对其选择的中间商应予以登记造册，对其经销本企业产品的数量和金额应进行统计，以便正确评价每个中间商的经销效绩，分析其是否努力地进行本企业产品的销售，销售量是否不断增长。特别是采取专营性销售渠道的企业，对专营本企业产品成绩很差的中间商，经过评价鉴别后，应及时取消专营资格，另选适当的中间商予以替代。

2. 对中间商合作程度的评价

对中间商合作程度的评价主要有：中间商是否采取积极配合的态度；是否与本企业精诚合作、协调一致；是否把主要销售力量集中在销售本企业产品上；是否注重开展本企业产品的广告促销业务；是否愿意承担部分广告费用等。

3. 对中间商信誉程度的评价

对中间商信誉程度的评价主要有：中间商是否信用可靠；是否自觉履行与本企业的义务和签订的各种经济合同；是否按时按量支付货款；是否享有较高的市场信誉；是否能热情为消费者服务，赢得消费者的信任；是否在维护自身利益的同时，切实维护本企业的利益等。

4. 对中间商经营潜力的评价

对中间商经营潜力的评价主要有：中间商是否有足够的财力，来扩充本企业产品的销售业务；是否有销售本企业产品的长期打算；是否有进一步扩充销售的具体计划；是否有足够的经营能力，开拓更大的市场领域；是否在本企业产品的促销上做进一步的努力等。

学习参考

西方国家经销商评价标准

（1）销售量。

（2）开辟的新业务。

（3）承担责任的情况。

（4）销售金额。

（5）为推动销售而投入的资源。

（6）市场信息的反馈。

（7）向公众介绍新产品的情况。

（8）向消费者提供服务的情况。

（9）该经销商为本企业赚了多少钱，花了多少钱？

（10）其他。

（三）协调渠道成员的冲突

无论渠道设计与管理如何完善，渠道成员之间还是难免发生一些冲突，需要协调和解决。所谓渠道冲突，是指某渠道成员意识到另一成员从事损害、威胁其利益，或者以牺牲其利益为代价获取稀缺资源的活动，从而引发的争执、敌对和报复等行为。渠道冲突是渠道成员合作过程中出现的渐次发展过程，包括潜在冲突、知觉冲突、感觉冲突、行为冲突和冲突余波5个阶段。渠道冲突并不一定是坏事，如成员之间的适度竞争，不仅不会产生消极影响，而且可能有利于整个渠道绩效的提高和彼此的角色分工关系的明晰。但是激烈的、经常性的渠道冲突会破坏合作关系，严重影响渠道效率和效益。

1. 渠道冲突的类型和产生原因

（1）渠道冲突的类型。

渠道冲突有垂直渠道冲突、水平渠道冲突和多渠道冲突3种类型。

①垂直渠道冲突是指同一渠道中不同层次的渠道成员之间发生的冲突。例如，制造商与批发商、经销商之间，批发商与零售商之间，可能会在服务、物流、价格和促销等方面发生冲突。

②水平渠道冲突，即同一层次的渠道成员之间发生的冲突。例如，特许经销商之间的区域市场冲突，零售商层次经营同一品牌在不同超级市场之间、百货商店与特许商店之间的冲突等。

③多渠道冲突是指同一制造商建立的两条以上渠道向同一市场出售产品引起的冲突。例如，康柏公司在同一地区新建了邮寄和超级市场两条渠道，引起传统经销商渠道的不满和抵制。

（2）渠道冲突产生的原因。

产生渠道冲突的原因主要有以下几种：

①目标差异。目标差异主要表现在渠道成员的个体目标各自不同及其与整体目标存在差异。例如，企业希望以低价策略获得市场的快速成长，而经销商则重视以尽可能的高价来支持其短期获利目标。

②归属差异。这是对渠道成员的角色和权利划分不清引起的冲突。较常见的情况有：因目标消费者归属不清引发争夺消费者的冲突；因销售区域归属差异引发的区域市场争夺冲突或窜货；因渠道分工差异产生的争执和冲突；对技术理解、掌握和运用差异带来的矛盾冲突等。

③认知差异。认知差异，即各成员对渠道事件、状态和形势的看法存在分歧。例如，制造商对经济形势持乐观态度，要求经销商存更多货，而经销商却持悲观看法，不愿冒风险。

④过度依赖。例如，独家经销商、汽车经销商的利益高度依赖制造商，受产品设计和制造商价格政策影响很大，它们之间发生潜在冲突的机会很高。

⑤信息不对称。产品质量和技术水平等属于制造商的私有信息，而促销努力与用户服务质量等是中间商的私有信息。为使对方承担较多的交易成本，渠道成员往往倾向于保留这些私有信息，从而导致渠道冲突。

2. 协调渠道成员冲突

对于渠道冲突问题，管理者不能杜绝其发生，但也不能视而不见、听之任之，应该积极做好工作，预防和化解各种不良冲突，确保渠道健康、高效地运作。协调渠道成员冲突的主要内容包括：预防和避免冲突；控制冲突水平，避免不良冲突发生；利用冲突资源，激励渠道成员；化解冲突危机，舒缓渠道合作关系；切断冲突源头，调整渠道关系。协调渠道成员的冲突管理要贯穿于渠道战略规划、组织结构设计、渠道资源配置和运行管理的全过程。具体来说，渠道管理者要重点做好以下几个方面的工作：

（1）设计渠道战略计划和渠道结构。许多渠道冲突产生的根源在于渠道策略不当和渠道结构设计不合理。

（2）选择渠道成员。选择具有良好的合作意愿和具备相应的资源条件的渠道成员，可以减少和避免渠道成员间的冲突。

（3）明确渠道成员的角色分配和权力分配。通过正式合约明确渠道成员行为的"游戏规则"。

（4）建立有效的渠道成员之间的交流和沟通机制。有效的沟通可减少彼此之间的不理解和不信任，有利于加强合作。

（5）合理使用渠道权力，防止权力滥用。冲突的发生往往产生于权力的过分干预。

（四）减少渠道冲突的方法

1. 信息加强型策略

信息加强型策略是指通过渠道成员之间充分的信息沟通，实现信息共享，预防和化解渠道冲突。

（1）确立渠道成员间的共同目标。有时渠道成员发现他们有共同的目标，如生存、市场份额、高品质与消费者满意度，这种情况通常发生在渠道面临外来威胁时。例如，出现了强有力的竞争渠道、立法的改变或消费者需求的改变等。紧密配合则能够战胜威胁，这也可能使各渠道成员明白紧密合作追求共同的最终目标的价值。

（2）邀请渠道成员参与本企业的咨询会议或董事会议。例如，奔驰公司营销委员会包括7个经销商成员。他们经常可以就奔驰公司的新车型提出评价意见并为公司的营销战略出谋划策。促进渠道成员的信息交流，达到互相尊重和互相理解，有助于减少冲突。

（3）通过互派人员来加强沟通。例如，沃尔玛公司和宝洁公司之间人员的互换和流动；我国许多制造商派人员到经销商处帮助理货，深入对方机构工作，这样可以增强相互之间了解的程度，有利于加强彼此的理解、信任和合作。

（4）渠道成员之间共享信息和成果。渠道成员共同分享某一方所拥有的技术、信息，可以加强彼此的合作关系。例如，克莱斯勒汽车公司的一个铸件供应商推荐用塑料组件来代替金属组件，使每辆汽车的成本降低了3美元。作为回报，克莱斯勒汽车公司与此供应商签订了新的订购合同，以弥补供应商因为不再生产金属组件而受到的损失。

（5）渠道成员之间的彼此信任和授权。这种做法是渠道成员之间彼此分享各自的权力。例如，某瓷砖制造商授权其批发商和零售商，指定一位熟悉其公司产品的代表，使其具有决定公司产品销售金额1 000元以内幅度的调整权。

（6）建立会员制度。通过会员制度加强彼此的定期沟通和意见反映，以化解和预防会员之间的冲突。例如，在协调国内家电制造商与分销商之间的矛盾冲突时，就可以充分发挥我国家电行业协会参与谈判、调停作用，协调双方利益，避免冲突升级。

学习参考

IT 行业的渠道管理

当前,业内存在着一种"厂商怕代理"的有趣现象。这个现象至少可以说明两点:一是厂商越来越重视渠道建设。渠道作为一种极为重要的无形资产,正日益左右着中国IT业应用推广的步伐。二是厂商渠道管理上普遍存在问题。其一,中国的IT市场形成至今才20多年的历史,无论从渠道规模还是从渠道专业化的角度来看,还都缺乏整体性,还没有产生形成规模的、真正专业化的渠道企业;相反,不少IT企业都是从做渠道代理形成一定规模后才转向自有品牌研发与推广,如联想集团、沈阳和光集团有限公司就是典型的例子。这样,IT厂商也就必然在产品研发和方案供应之外,还要承担主要的市场和服务职能。其二,根据有关数字显示,中国的IT企业中从业人员80%以上都是技术人才,管理人才严重缺乏,这已经成为一个瓶颈。这一点,联想集团总裁柳传志感受尤为深刻。他认为,如果10年后,中国IT企业,特别是软件企业败给国外厂商,那么可以肯定的是,中国不仅输在技术上,更可能是输在管理上的。

事实上,国内的IT企业现阶段最缺乏的绝不是规模,也绝不是勇气和拼劲,恰恰是理性、严谨和务实。对于IT企业渠道管理来说,当务之急是IT厂商要坚持自己稳健经营的原则,优先考虑自身管理行为的重组,在优化自身资源配置的基础上把重点放到渠道职能的充分挖掘上去。重视渠道关系的和谐互利、渠道的分类管理及对渠道企业的业务生涯规划,利用自己的渠道网络去跟踪客户的需求;重视渠道与厂商之间信息沟通的灵敏和完整以及对渠道企业定量化、长期化与系统化的制度考核;重视对渠道企业的新陈代谢。

2. 信息保护型策略

信息保护型策略是指冲突双方各持己见、互不相让,需要第三方介入来解决冲突的策略。

(1) 调解。冲突双方聘请彼此认可的第三方来帮助他们达成共识。一般包括下列程序:澄清冲突双方争议的问题;寻找双方达成协议的条件;规劝双方达成协议;监督协议执行。调解有利于冲突双方有更多的沟通和理解,也较为友善,对双方的关系没有太多不利影响。调解方提出的协议,不仅是化解冲突的依据,还有可能成为冲突双方以后进行交易的准则。

(2) 仲裁。一般由仲裁机构仲裁。仲裁结果有约束力,有利于冲突问题的最终解决。

(3) 诉讼。诉讼需要花费大量经费,也可能会旷日持久,但也不失为一种解决冲突的有力方式。一般情况下,冲突双方都较倾向于采用仲裁的方式而不是诉讼的方式去解决争端。因为与法庭审判相比,仲裁有许多优越性:可以尽快解决冲突;不会泄露商业秘密;较低的成本支出;由于仲裁者具有较专业的商业背景,因此,冲突双方可能会得到更有益的解决方案。

三、实施广告促销

（一）促销概述

企业要取得市场营销活动的成功，不仅要开发合适的产品，制定合理的价格，选择适当的渠道，而且还需要采取有效的促销方式，传递和沟通产品及其相关信息，以促进其销售。

促销即促进销售，是指企业通过人员或非人员的方式向消费者或用户传递或与其沟通有关产品或服务的信息，帮助消费者认识产品或服务将带来的利益，引起消费者对企业及其产品或服务的兴趣，激发其购买欲望，促使其采取购买行为，以扩大其销售的一种市场营销活动。

1. 促销目标

企业在某一时期开展某项促销活动，必须事先确定其特定的促销目标。由于促销目标不同，因此促销组合也不同。①促销目标为树立企业形象、提高产品知名度时，应重点运用广告，同时，辅之以公共关系；②目标是让消费者充分了解某种产品的性能和使用方法时，印刷广告、人员推销或现场展示最为适宜；③促销目标为在近期内迅速增加销售时，则营业推广最易立竿见影并辅以人员推销和适量的广告。

2. AIDMA 法则

AIDMA 法则是指消费者从认知产品到采取购买行为的心理过程。

购买心理过程包括 5 个阶段，即认识（Attention）→兴趣（Interest）→欲望（Desire）→记忆（Memory）→购买行为（Action）。

针对不同的购买心理阶段，企业应采取不同的促销组合，并以此来指导消费者购买心理的一系列变化，诱导消费者做出购买决定。一般来说，广告在购买心理的初级阶段，对集中消费者的注意很有效果；公共关系适合新产品的促销，如利用新闻报道等宣传新产品几乎接近广告的效果；人员推销对唤起购买欲望、诱导购买决定具有很好的效果。

3. 推拉策略

推拉策略，即推进策略和拉引策略。采用推进策略的企业多用人员推销和营业推广，而实施拉引策略的企业多用广告促销方式。

4. 市场特性

促销要受到产品的目标市场规模和地理分布及市场的社会经济特征的影响。其中，市场的潜在需求规模会在很大程度上左右促销组合的构成。一般而言，市场规模小，多以人员推销为主力，而以众多的消费者构成的大众消费者市场为销售对象的企业则主要采用广告及其与营业推广并用的促销方式。

促销会受到消费者地域分布的影响。如果消费者集中在狭窄的地域，那么采用人员推销比分散场合效果更好；相反，消费者绝对数多且分布地域广时，多采用广告的促销方式。

促销还受到年龄、收入、教育水平等目标市场的社会经济因素的影响。

市场营销

学习参考

美国波音公司的促销策略

美国波音公司可谓是当今世界最有财力的大企业之一。它不仅以制造质地精良的飞机赢得了世界各国用户的欢迎,而且它对用户竭诚周到的服务也赢得了人们的交口称赞。

一次,阿拉斯加航空公司急需特殊降落装置,以便飞机因故降落在泥泞的临时跑道上。波音公司知道后,毫不迟疑地把这种装置送到阿拉斯加航空公司,为该公司解决了急迫的困难,这不但感动了这家航空公司,还感动了众多的乘客。还有一次,加拿大航空公司的飞机因排气管结冰阻塞,发生故障。波音公司立即派工程师乘机飞到温哥华,不分昼夜地从事维修工作,最后把故障排除了,减少了航空班机的误点时间。这也成为众人传颂的事例。

1978年12月,意大利航空公司DCX型客机在地中海坠毁,航空公司急需一架替代客机。意大利航空公司总裁诺狄奥向波音公司董事长威尔逊提出一项特殊要求:"波音公司能不能迅速送来一架波音727客机?"当时,由于订购这种型号飞机的订单较多,至少要等两年,但波音公司考虑到意大利航空公司的特殊情况,在发货表上稍微做了一下调整,并要求公司把生产排紧一些。这样,意大利航空公司在一个月内就得到了这个型号的飞机,解了燃眉之急。为了感谢波音公司的优良服务,意大利航空公司决定取消购买道格拉斯公司DC—O飞机的计划,转向波音公司订购了9架波音747超大型客机。可见,周到的服务是扩大销售和赢得客户的极佳通道。

(二)促销预算

制定促销预算的方法很多,较常用的方法主要有量力支出法、销售额比例法、竞争对等法和目标任务法。

1. 量力支出法

量力支出法是指企业确定促销预算的依据是其所能拿得出的资金数额。企业根据其财力情况来决定促销支出,方法简单易行,但完全忽略了促销与销售之间的因果关系,忽略了促销对销售的影响,所以,严格来说,量力支出法在某种程度上存在着片面性,不利于企业制定长期的市场开拓计划。

2. 销售额比例法

销售额比例法是指企业按照销售额(销售实绩或预计销售额)或单位产品售价的一定百分比来计算和决定促销支出。这就是说,企业按照每完成1元销售额(或每卖1单位产品)需要多少促销费用来计算和决定促销预算。

3. 竞争对等法

竞争对等法是指企业按照竞争者的促销支出来决定本企业促销支出多少,以保持其在竞争中的优势。在市场营销管理实践中,不少企业都喜欢根据竞争者的促销预算来确定自己的促销预算,形成与竞争者旗鼓相当、势均力敌的对等局势。

4. 目标任务法

目标任务法的具体步骤是：①明确地确定促销目标；②决定为达到这种目标而必须执行的工作任务；③估算执行这种工作任务所需的各种费用。这些费用的总和就是计划促销预算。

(三) 广告促销策略

1. 广告的概念

广告作为一种传递信息的活动，是企业在促销中普遍重视且应用最广的促销方式。市场营销学中探讨的广告，是一种经济广告。也即市场营销学中的广告是广告主以促进销售为目的，付出一定的费用，通过特定的媒体传播商品或劳务等有关经济信息的大众传播活动。从广告的概念可以看出，广告是以广大消费者为广告对象的大众传播活动；广告以传播商品或劳务等有关经济信息为其内容；广告是通过特定的媒体来实现的，并且广告主要对使用的媒体支付一定的费用；广告的目的是为了促进商品销售，进而获得较好的经济效益。

2. 广告的分类

根据广告的内容和目的划分，可以分为以下几类：

（1）产品广告。它是针对商品销售开展的大众传播活动。产品广告按其目的不同可分为3种类型：一是开拓性广告也称为报道性广告，是以激发消费者对产品的初始需求为目标，主要介绍刚刚进入投入期的产品的用途、性能、质量、价格等有关情况，以促使新产品进入目标市场；二是劝告性广告又称为竞争性广告，是以激发消费者对产品产生兴趣，增进"选择性需求"为目标，对进入成长期和成熟前期的产品所做的各种传播活动；三是提醒性广告也称为备忘性广告或提示性广告，是指对已进入成熟后期或衰退期的产品所进行的广告宣传，目的是在于提醒消费者，使其产生"惯性"需求。

（2）企业广告又称为商誉广告。这类广告着重宣传、介绍企业名称、企业精神、企业概况（包括厂史、生产能力、服务项目等情况）等有关企业信息。其目的是提高企业的声望、名誉和形象。

（3）公益广告。公益广告是用来宣传公益事业或公共道德的广告。它的出现是广告观念的一次革命。公益广告能够实现企业自身目标与社会目标的融合，有利于树立并强化企业形象。公益广告有广阔的发展前景。

根据广告传播的区域来划分，可以分为以下几类。

（1）全国性广告。全国性广告是指采用信息传播能覆盖全国的媒体所做的广告，以此激发全国消费者对产品产生需求。在全国发行的报纸、杂志，以及广播、电视等媒体上所做的广告均属于全国性广告。这种广告要求广告产品是适合于全国通用的产品并且因其费用较高，只适合于生产规模较大、服务范围较广的大企业，而对实力较弱的小企业实用性较差。

（2）地区性广告。地区性广告是指采用信息传播只能覆盖一定区域的媒体所做的广告，借以刺激某些特定地区消费者对产品的需求。在省、县报纸、杂志、广播、电视所做的广告，以及路牌、霓虹灯上的广告均属于地区性广告。此类广告传播范围小，多适合于生产规模小、产品通用性差的企业和产品进行广告宣传。

此外，还有一些其他分类。例如，按广告的形式划分，可分为文字广告和图画广告；按广告的媒体不同划分，可分为报纸广告、杂志广告、广播广告、电视广告、互联网广告等。

学习参考

牛肉在哪里

美国有一家名为"温蒂"的卖牛肉的食品店，想与世界闻名的"麦当劳"汉堡牛肉饼店打对台，为此特别拍摄了一则一分钟长的电视广告片。这个广告片的故事和画面都非常简单：3位年逾八旬的老太太坐在又高又大的柜台边吃午餐，她们要的是面包夹牛肉，但送上来的是3个又大又厚的圆面包，找来找去也找不到牛肉，甚至爬到桌子底下也找不到应该夹在面包里的牛肉，于是，其中一位老太太对着镜头喊："牛肉在哪里？"然后幕后的声音告诉观众："如果这3位老太太去'温蒂'吃午餐，就不会发生找不到牛肉的情形了。"

这则广告播出后，令人意想不到的是："牛肉在哪里？"这句话，很快变成了美国最流行的口头禅，甚至连竞选总统的政治家也都引用它，同时，在电视广告说这句话的老太太也一下子成了名人。制作这部电视广告的模生顿广告公司也因此而名声大振。

3. 广告设计的原则

广告效果不仅决定于广告媒体的选择，还取决于广告设计的质量。高质量的广告必须遵循下列原则来设计：

（1）真实性。广告的生命在于真实。虚伪、欺骗性的广告，必然会丧失企业的信誉。广告的真实性体现在两方面。一方面，广告的内容要真实，包括：广告的语言文字要真实，不宜使用含糊、模棱两可的言辞，画面也要真实，并且二者要统一起来；艺术手法修饰要得当，以免使广告内容与实际情况不相符合。另一方面，广告主与广告产品也必须是真实的，如果广告主根本不生产或经营广告中宣传的产品，甚至连广告主也是虚构的单位，那么，广告肯定是虚构的、不真实的。企业必须依据真实性原则设计广告，这也是一种商业道德和社会责任。

（2）社会性。广告是一种信息传递。在传播经济信息的同时，也传播了一定的思想意识，必然会潜移默化地影响社会文化、社会风气。从一定意义上说，广告不仅是一种促销形式，而且是一种具有鲜明思想性的社会意识形态。广告的社会性体现在：广告必须符合社会文化、思想道德的客观要求。具体来说，广告要遵循党和国家的有关方针、政策，不违背国家的法律、法令和制度，有利于社会主义精神文明，有利于培养人民的高尚情操，严禁出现带有中国国旗、国徽、国歌标志、国歌音响的广告内容和形式，杜绝损害我国民族尊严的，甚至有反动、淫秽、迷信、荒诞内容的广告等。例如，"用黑社会交易来反映产品紧俏、短缺以劝诱购买"的广告创意是不可取的。

（3）针对性。广告的内容和形式要富有针对性，即对不同的产品、不同的目标市场要有不同的内容，采取不同的表现手法。由于各个消费者群体都有自己的喜好、厌恶和风俗习惯，因此，为适应不同消费者群体的不同特点和要求，广告要根据不同的广告对象来决定广告的内容，采用与之相适应的形式。

（4）艺术性。广告是一门科学，也是一门艺术。广告把真实性、思想性、针对性寓于艺术性之中。利用科学技术，吸收文学、戏剧、音乐、美术等各学科的艺术特点，把真实的、富有思想性、针对性的广告内容通过完善的艺术形式表现出来。只有这样，广告才能像优美的诗歌、像美丽的图画，成为精美的艺术作品，给人以较高的艺术享受，使人受到感染，增强广告的效果。这就要求广告设计要构思新颖，语言生动、有趣、诙谐，图案美观大方，色彩鲜艳和谐，而且广告形式要不断创新。

4. 广告促销策略

广告促销策略主要采取馈赠、直接、示范和集中4种类型。

（1）馈赠型广告促销策略。馈赠型广告可分为赠券广告、赠品广告和免费试用广告等。赠券广告是利用报纸杂志向消费者赠送购物券，这种促销策略可以起到薄利多销，提高零售业品牌和知名度，吸引消费者到店里来，同时，带动其他商品销售等方面的作用。赠品广告是将与促销产品相关的礼品赠送给消费者，这种促销策略可以引起轰动效应，也能起到扩大产品销售的作用。免费试用广告是将产品免费赠送给消费者，这种促销策略可以起到促进产品快速宣传的作用。

（2）直接型广告促销策略。直接型广告主要是上门促销。上门促销是把产品直接送到消费者手中，直接向消费者宣传产品，从而使消费者获得一定利益。这种促销策略可以起到及时解除消费者疑虑，直接推销产品的作用。

（3）示范型广告促销策略。示范型广告可分为名人示范广告和表演示范广告两种。名人示范广告主要是邀请社会知名人士为企业代言，能够使消费者印象深刻，易产生轰动效应。表演示范广告是在公众场合做示范表演，这种促销策略可得到直观、容易被消费者接受的广告效应。

（4）集中型广告促销策略。零售业可利用庆典、展销会等人群集中的场合进行宣传。这既能给消费者带来利益，同时，也会给消费者留下深刻的印象。

四、公共关系推广

（一）公共关系概述

1. 公共关系的定义

斯坦利将公共关系（Public Relations）定义为：公共关系是一种管理功能，它判断公众的态度和意见，让组织的政策符合公众的利益，制定并执行行动方案，以赢得公众的理解和善意。

公共关系学会（IPR）给出了更简洁的定义：公共关系是慎重而有计划地在组织与其公众之间，建立并不断保持相互理解的关系。

从定义可以看到，公关的核心内容即寻求组织与公众之间的相互理解，意思是组织需要了解外部世界及内部员工对它的看法，然后努力通过公关，确保这些看法符合自己所期望的形象和要实现的目标。达到这一目的的最基本的方式是双向交流。

这个定义的另一个重点是对于"公众"一词的理解。广告的最基本用途通常是告知消费者或潜在消费者。公关则定义了一个更广义的目标受众，有的受众与公司之间没有直接交易关系，因此，公关包含了广泛的交流需求与目标，目标不一定局限于最终销售。广告当然也可以被当成一种公关工具，但它对许多公众和目标受众来讲，并不是最好的交流方法。

学习参考

公共关系之父

20世纪初，著名的记者艾维·李提出"公众必须被告知"的观点，他认为，一个企业、一个组织要获得良好的声誉，不是依靠向公众封锁消息或以欺骗来愚弄公众，而是必须把真实情况披露于世，把与公众利益相关的所有情况都告诉公众，以此来争取公众对组织的信任。1903年，艾维·李开设了世界上第一家宣传顾问事务所，提供传播和宣传服务。在艾维·李等专业人士的帮助下，杜邦、洛克菲勒等财团，都先后改变了对公众保持沉默的做法，变消极防御为主动沟通，逐步摆脱了困境。艾维·李因将"公共利益与诚实"带进公共关系领域而被称为"公共关系之父"。在公共关系史上，第一个用科学来指导公共关系工作的是爱德华·伯内斯。1923年，他出版的论述公共关系理论的著作《舆论明鉴》成为公共关系学的第一部经典之作。他主张公共关系的重要职责不仅是向社会做宣传，而且要向工商业组织提供政策咨询，使其行为符合社会利益，即"投公众所好"构成了伯内斯公共关系思想的重要内核。

2. 公众的定义

公众是任何有某些共同特征的、某组织需要与之交流的集体。因为每个公众需要的信息不同，且与组织有着不同的关系，对组织发布的信息也有不同的理解。所以对不同的公众存在着不同的沟通问题。

（1）商业团体。商业团体是指任何与公司有业务关系的人或与之竞争的人，因此，消费者、供货商和竞争者显然属于这一团体。这部分公关的主要任务是与其他以销售为导向的营销活动（如广告和上门推销）等手段配合使用。公关的重点在于发布产品信息，表明组织的态度和建议，对产品提供保证，或者更广泛地宣传良好的公司形象。

（2）内部团体。内部团体由公司内部工作人员组成，包括管理层、行政人员、生产人员和工会。内部公关极其重要，应当通过多种形式的公关活动，让员工知晓公司正在做什么，增强他们的主人公意识，使他们产生归属感，这有助于建立预期的企业文化。

（3）利益团体。利益团体在公司内有经济利益，包括股东、潜在投资者、银行和更广泛的经济团体。公关可增加他们对公司的信任，保证现有投资者不撤资，潜在投资者更多参与投资，银行在融资方面有更多的弹性。

（4）管理部门。管理部门是有能力影响公司行为方式的团体和机构，这种权力可以是法定的，如中央和地方政府和法定机构，也可以是自发的，如商会。与这些团体保持良好关系，可以使公司在协商起草有关规定时，有更大的发言权，至少在紧急事件发生前得到预警，以使公司有足够时间做充分准备，并有机会对管理部门进行游说。

第六章 市场分销促销

（5）媒体。媒体是个重要团体，包括电视、广播、全国和地方报刊、商业和专业报刊，组成一个既代表自身权益又是公关工具的公众。不管组织是想向公众发布好消息，还是想在危机中减少敌意媒体的反应，与媒体之间保持良好关系都是最基本的。

（6）一般公众。一般公众包括当地社区、特殊利益集团，特别是舆论制造者和引导者。组织需要被看成是一个好的企业公民，需要在社区中扮演一个适当的角色。组织可以通过赞助当地公益活动来积极宣传自己，减少与各种压力集团的公开冲突。

（二）公共关系的效用

企业通过一系列的活动建立起来的公共关系，不仅可以解除消费者的疑虑和不满，而且可以树立企业及产品品牌的信誉和形象，从而实现销售产品和保持良好公共关系的目的。这些公共关系给企业的经营活动带来了巨大的效用。

（1）销售效用。从心理学角度来看，影响消费者购买行为的因素很多，包括消费者所处的文化、社会和组织环境；个人因素、行为因素及人际因素等。但起决定作用的应是个人因素和行为因素。而企业可针对消费者的疑虑和不满开展公共关系活动，以协调与消费者的关系，解除疑虑，达成交易。通过协调关系既发展了新消费者，也有利于保留老消费者。

（2）网络效用。公司利用针对消费者的公共关系活动可以建立营销网络。通过网络平台，公司可以获取大量的市场信息，以利于公司及时、准确地做出决策，同时，利用信息网络，公司可以发布与传播企业信息；通过销售网络，有利于公司高效、经济地销售产品；通过运输网络，公司可以及时、安全、准确地把货物运到顾客手中；通过服务网络，公司可以稳定市场，扩大销售。

（3）关联效用。在当前买方市场条件下，市场上每类产品都有成千上万个品牌，若想找一个虚位以待的空隙，机会非常少。要想把自己的新产品成功地定位于消费者心中，企业可以将自己的品牌用某种方法与其他品牌的位置发生关联，从而将产品定位于消费者的心中。

（4）协同效用。制造商与分销商应彼此信任，在信任中建立良好的关系，从中获取更高的利益，称为协同效用。瑞士国际学院的一个实证研究表明，能够与经销商保持良好依赖关系的制造商可以获取更多的竞争优势。该研究是将零售商对制造商的信任度分成高低两类。结果发现，在寻找新的供应货源时，销售商对制造商的信用兑现，销售商销售制造商的产品线宽度及由制造商评估的零售商业绩方面，因信任关系不同，有较大差异。

（5）互补效用。企业营销伙伴成员之间，可以实现资源共享与能力互补，称为互补效用。企业在长期的经营中，各自具有不同的优势，也就是说，伙伴成员之间可以互相借用企业能力。另外，由于不可知性，因此，企业能力的内部培育往往是不可能的，与其他有用资源不同的是：它遵循知识产品的收益递增规律，而非收益递减，而企业与企业之间良好的公共关系提供了这一可能性，成员之间可以分享对方的企业能力，以实现企业的收益递增。

（三）公共关系的功能

公共关系的功能反映为公共关系作用于公众以实现组织目标的过程中所显示出来的效能。

（1）监测功能。公共关系的监测功能是指组织通过对信息的采集、处理和反馈来对公共关系的主体和客体的行为态度做出监视和预测。

（2）公共关系对其主体的监测也称为对内监测，是指公关人员根据对组织内部和外部各种变化信息的掌握，对组织运行状态和组织目标的实现的可行性进行监测。

（3）公共关系对其客体的监测也称为对外监测，主要是利用各种信息传播媒介来监测公众对组织的态度及其趋向。例如，不少企业经常组织消费者调查、消费者座谈会、设立投诉电话，征询消费者的意见与建议，以求改进不足，为产品更新换代提供指南，强化消费者对产品的认同与购买行为。

（4）凝聚功能。公共关系旨在"内求团结、外求发展"，企业员工关系构成企业最重要的公共关系。所谓公共关系的凝聚功能，即是对组织内部而言的，对于企业，就是要增强员工的向心力，不仅通过经济利益来构筑彼此关系，而且借助于情感沟通和心理认同，使企业员工能够为实现组织目标而团结起来，群策群力。

（5）调节功能。组织是一定的外部环境与内部条件综合作用的产物，对企业而言，也是如此。因此企业总处于与外部环境的不断矛盾中，其内部也时刻存在各种摩擦与冲突，企业公关人员为此而承担着协调企业内外关系的重任。就企业内部而言，公关人员要尽力避免各种摩擦产生，做好上情下达与下情上达工作并为各部门之间沟通做好"桥梁"工作；就企业外部而言，要积极争取公众对企业的理解与信任。

（6）应变功能。任何社会组织要在复杂多变的环境中生存与发展，都必须尽力把握各种环境因素的变化，然而事实上，作为承担监测环境职能的公共关系部门，也不可能始终准确预见所有有关影响组织运行的情况发生，所以，公共关系部门还要承担应变功能，即当一个意外事件发生，而它又确实使组织形象遭受损害时，公关部门就要尽力予以弥补。

（四）营销公关策略

公共关系的目标与功能是通过具体的公共关系活动来实现的。公共关系对市场营销有一定的促进作用，因此被作为促销组合策略的4个组成方面之一，然而，以公共关系活动作为促销手段，一般难以起到立竿见影的效果，它往往立足于长远，对顾客购买导向具有"润物细无声"的功力。

（1）调研活动。企业可以通过民意调查、报刊检索等多种方式来收集企业内部与外部环境的变化信息，了解公众对企业生产、经营、产品质量、功能、价格及销售方式等方面的意见和建议并及时按改进后的情况告知公众，如此可跟踪消费者需求趋势，尽力满足消费者及其他公众要求，保持企业与公众之间良好的沟通关系。

（2）举办或参加专题活动。当遇有较为重大的事件或纪念日，公关人员就要策划、组织（如新闻发布会、厂庆纪念会、庆功会等）专题活动，以将企业重大事项迅速传播至各类公众，强化与各有关公众之间的信息与情感联络。至于组织展销会、博览会、新技术新产品展示会等更具有直接介绍、推荐产品的作用，宜与营销部门合作举办而发挥整体优势。

（3）对外联络协调工作。企业要设法建立同政府、银行、新闻界、行业协会、消费者协会等社会各界人士的稳定的沟通关系，主动定期或经常性地向这些公众介绍企业状况，以征求其意见与建议、争取其理解与支持。这样既可避免误解而造成的不必要麻烦，又可使企业一旦陷入困境而易于避免不良后果，顺利克服困难。

（4）媒介事件策划。所谓媒介事件，就是指专为新闻媒介进行报道而策划的事件。企业公关人员应利用一些有可能有助于提高企业知名度与美誉度的事件，经过富有创意的设计，来吸引新闻舆论的注意，进而借助大众传播媒介而广泛吸引其他公众的注意，以此推广企业影响。

（5）赞助和支持公益事业。企业作为社会成员之一，表现为对社会义务与责任地承担的一个重要方面，就是热心支持社会公益事业，如向福利机构、教育单位、体育、艺术活动提供资助等，这有利于赢得公众对企业的好感，进而有助于潜在消费者对产品的认同。

（6）其他日常活动。公共关系工作还包括许多日常活动的组织与安排，如礼宾接待、企业内部沟通、企业内部文稿与宣传资料的编撰、制作等。企业公关人员作为企业决策层的重要参谋人员，还要主动向决策人员提供各种意见、建议和决策方案，积极参与决策。

学习参考

海尔空调——星级服务万里行

目前，青岛海尔空调器有限总公司（以下简称"海尔空调"）规模浩大的星级服务万里行活动在全国同时拉开了帷幕。据悉，此次海尔空调星级服务万里行将遍布全国23个省、自治区及4个直辖市，同时在全国35个中心城市拉开帷幕，主要目的是：一是所到之处，为当地的消费者普及消费者权益保护法知识；二是推出海尔空调的亲情服务，无偿星级服务，有偿征求意见，通过"亲情"服务，让广大消费者亲身感受来自海尔最真诚的体贴与关心。这是我国企业界首次将服务承诺以亲情式推出，它的推出将彻底改变目前我国企业简单标准式承诺的做法，而融入情感式交流，使服务标准又有了质的飞跃。

这次海尔空调星级服务万里行活动，加强了用户与企业的联系，使企业服务工作围绕用户的需求得到加强。它的推出将对我国目前简单的标准式承诺产生深远的影响，将推动我国服务竞争向更高层次发展。这次活动还得到了中国消费者协会的大力支持。

（五）公关宣传策略

公关经理可以采用多种技巧和活动，但最重要的是宣传部门和新闻界关系，这是公关职责范围内的一个主要内容。然后要考虑的是对外交流和内部公关。

1. 公关宣传及与新闻界的关系

宣传是用来达到组织公关总目标的，即与各种公众建立或保持良好关系的重要手段之一，它可以使公司用最低的成本来获得媒体支持。

（1）各种大众媒体都可被用作宣传之用。在广播媒体内，除了新闻和时事节目外，大部分宣传是通过专访、消费者聊天和特别节目等形式来实现的。另外，印刷媒体也可起到广泛的宣传作用。全国性和地方性的报纸覆盖了一般的商业新闻，专业刊物可以满足特定公众的特定兴趣需求。各种媒体之间的宣传内容常常可以互相引用，全国性的报刊和电视台可能从地方媒体或专业媒体收集新闻，以提供给更广泛的观众。

（2）制造好的口碑。宣传可能是"不请自来的"，媒体经常会追踪新闻热点，准备宣传的也许是公司不愿意公开的事件。为了减少不利宣传的危险，大多数公司都会与媒体之间建立了良好关系，并尽量为媒体提供对公司有利的"好消息"。

（3）发布新闻稿。正常情况下，组织会主动、定期地向媒体提供新闻稿，简单介绍关于某一事件的基本情况，有时新闻稿中还会附上图片和音像资料，以鼓励媒体去编写新闻。

（4）新闻发布会。当公司有重要信息发布，或者爆发了危机，或者必须让媒体了解公司的最新情况时，采用新闻稿的方式来进行宣传就显得力度不够，这时需要公司与媒体进行更广泛、更个人化的联系，以期能给公众留下更深的印象。

（5）记者招待会。记者招待会一般气氛会显得比较轻松。它是组织与媒体保持良好关系的一种重要手段，一般企业只是有选择地邀请部分全国性或商业界的、与企业关系比较密切的媒体成员参加某种形式的聚会，借此组织的管理人员与记者可以进行非正式的交流。

2. 公关宣传与广告的比较

媒体本身既是一种公众，同时，又是公司（或其他组织）与其他公众交流的第三方渠道。可以说，作为交流工具，广告只将好消息传播给广大群众，而与之相比，公共宣传还具有另外一些优点：

（1）可信度。广告是要付费的，因此公众对广告内容的引导倾向抱有某种程度的怀疑。而公共宣传被认为是免费的，来自中立的第三方，因此具有更高的可信度。一则广告可能告诉人们，一辆特制的汽车具有特别良好的运行性能，则人们可以选择相信或不相信。但如果是一家报纸的汽车专栏记者说该车性能良好，那分量就要高很多。

（2）覆盖范围。要确定广告是否尽可能地覆盖了最广泛的受众，需要采取多媒体战略，并要支付极端昂贵的费用。而一个具有想象力并在印刷和广播媒体上同时占有大量篇幅的公关故事，则可能只需支付小部分费用，便能收到令人难以置信的效果，而且更有可能吸引平常不看或不关注广告的部分受众。

（3）兴奋点。公关宣传，从定义上讲，是关于新闻的。正在宣传的不管是什么，都是当前人们所关注的，而且因此而制造出它们自己的兴奋点。一旦一个故事开始展开，它就可以刺激各媒体制造出更多内容，所谓的媒体热炒某某事件，就是指的这种情况。

除了以上的优点外，公关宣传也有不尽如人意之处，最大的缺点就是其不可控制性。广告给予广告商说什么、何时说、如何说、在哪里说的完全控制权，而对公共宣传的控制权，则掌握在媒体手中。公司可以为媒体提供资料，但不能保证媒体会采用这些资料，而且也无法决定他们如何制作资料。结果，最坏的可能是根本没有产生鼓励作用或者是没能覆盖希望中的目标受众，甚至有时媒体会对公司提供的资料进行歪曲。

3. 其他对外沟通的方法

（1）广告。作为公关工具的广告，界于广告与公关之间，是两种职能的结合。这里所说的广告类型，不是指推销或促销某一特定商品或某一系列商品的广告，而是指集中宣传公司的名称或特色的公司形象广告。这种形式可能缺少了宣传的客观性，增加了广告的功利性，但它对于组织来讲可以加以控制。广告可以成为树立或改良公司形象的有效手段，可以通过大众媒体而覆盖大多数公众。

（2）举办大型活动。一个组织可以为公关目的而举办或参加各种大型活动。例如，公司可以借一个重大事件为主要股东、雇员、消费者和供应商举行一次聚会，公司的年度股东大会是针对股东和金融媒体的一次重要论坛，对于那些在组织中有经济利益的重要公众群体来说，股东大会是向他们进行公关活动的最佳时机和重要场合，高效的会议管理和自信的表现有助于增加公司可信度。当然，这类活动需要能够引起媒体足够的兴趣。

（3）出版物。企业（或其他组织）可以制作各种印刷品或音像资料，送给潜在消费者或客户，从而使他们了解组织的活动。例如，大多数大学都有一段关于招生的录像，送给中学或专科学校。这与只寄招生简章相比，能使考生对学校有更全面的了解。在大学就业办公室，则会堆满需要毕业生的公司送来的宣传资料。

（4）内部沟通。公司对自己的雇员和其他内部公众，也需要专门的、很好的沟通，这样才能在事件传到外界媒体之前知道正在发生的事件的更多细节。另外，对于所面临的环境，应该强调让公司的员工有知情权，反映出的是业主对雇员重视的态度。这也是对员工激励的重要手段。良好的内部沟通可以营造一个高效率的工作环境，形成积极向上的企业文化。

知识回顾

本章主要介绍分销促销的系列知识，重点放在了促销上。在分销活动中，营销人员的重点是管理好企业的销售渠道。在促销环节中则要把营销活动中的不同元素融入进来，利用广告和公众的力量把企业的产品推出去。促销工作要注意促销方案的规划，注意广告的适时引入，注意企业在公众面前的形象。

拓展阅读

麦当劳：一代奇迹的创造者

麦当劳是现代管理中塑造企业形象的成功典范，也正是其形象，才使麦当劳登上了当今饮食业大亨的位置。

麦当劳的创始人雷柯创业伊始就设立了4个经营信条：高品质的产品（Quality）、快捷微笑的服务（Service）、清洁优雅的环境（Clear）、物有所值（Virtue），简称QSCV理念。Q、S、C、V是麦当劳向全世界的承诺。

Q：麦当劳对原料的标准要求极高。例如，面包不圆、切口不平均不使用；奶浆的温度过4℃就要退货；炸出的薯条7分钟未卖出去就扔掉。有人认为，这太浪费了。麦当劳却认为，消费者花了钱就应该吃到最纯正的食品。

S：员工进入麦当劳后，就接受系统的训练，使消费者百分之百满意。员工按柜台步骤来服务消费者，消费者在柜台前等待不得超过2分钟。消费者点完食品以后，要在1分钟内拿到食品。麦当劳强调"不一样的享受在麦当劳",所以世界上所有的麦当劳餐厅,都从消费者角度考虑某个细微之处。

C:员工在工作期间,不停地用各种清洁工具清洗餐厅,保持整个餐厅整齐干净;所有制作食品的机器,晚上都拆除、刷洗、消毒,第二天早上重新装上,地板、墙砖晚上都要彻底刷洗。麦当劳强调"从清洁开始,到清洁结束"。

V:麦当劳的食品营养都经过科学配方,营养丰富、价格合理,让消费者在清洁环境中享受快速的营养食品,合起来就是物有所值。

麦当劳用一套准则来保证员工的行为规范:OTM(工农业训练手册)、SOC(岗位检查手册)、QG(品质保证手册)、MDT(管理人员训练)。小到洗手消毒有序,大到管理有手册,以保证QSCV的贯彻执行。

麦当劳除有一套标准外,还很重视建立"麦当劳大家庭"的观念。在麦当劳,从经理到员工都互称名字,全体员工注重沟通与团队合作。餐厅每月开员工座谈会,邀请其家属来餐厅参观和就餐。另外麦当劳每年举行岗位明星大赛,每天公布生日员工的名单并以一定的形式对其祝贺,塑造了其对员工体贴入微的企业形象。

第七章

市场营销创新

营销创新是整个市场发展的共同趋势。在残酷的市场竞争中，企业总是想要通过新的方式拔得头筹。在这种竞争模式下，其他参与企业要么快速学习这种模式，要么提出新的模式以便进行弯道超车。

知识目标

1. 理解关系营销的含义与市场模型。
2. 理解网络营销及其特征。
3. 掌握绿色营销的策略。
4. 了解个性化营销、消费联盟和大市场营销。

技能目标

1. 掌握关系营销的方式。
2. 理解网络营销带来的冲击，掌握网络营销的策略。
3. 能够搜寻最新的信息，提升自己的营销技能。

市场营销

知识导图

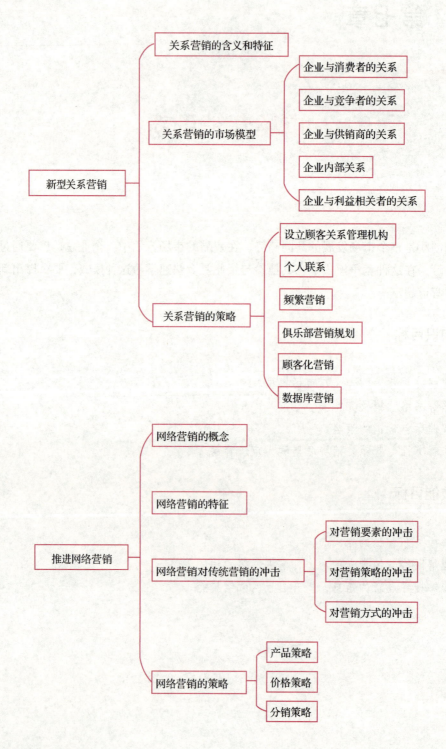

第七章 市场营销创新

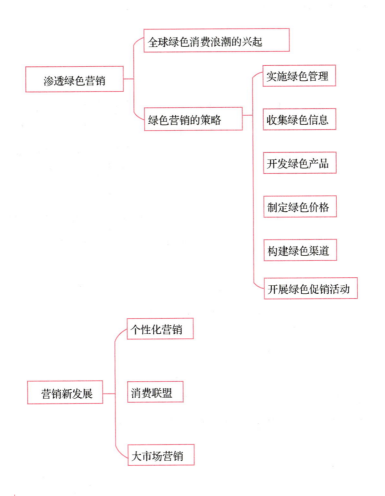

案例导入

泰国东方饭店

在属于世界十大饭店之一的泰国东方饭店，你也许从未瞄过那些服务员一眼，但他们却知道你是一个有价值的老客户。他们会在把你提升为头等客户之前，先为你提供服务；楼层服务员在为你服务的时候可以叫出你的名字，餐厅服务员会问你是否会坐一年前你来的时候坐过的老位子，并会问你是否需要一年前你点过的那份菜单。到了生日，你还可能收到一封他们寄给你的贺卡，并且告诉你，饭店全体员工都十分想念你。

泰国东方饭店几乎每天客满，不提前一个月预订是很难有入住机会的。用他们的话说，只要每年有1/10的回头客光顾，饭店就会永远客满。非常重视培养忠实的客户并且建立一套完善的客户关系管理体系，就是泰国东方饭店成功的秘诀。

一、关系营销

(一) 关系营销的含义和特征

所谓关系营销,是指以系统论和大市场营销理论为基本思想,将企业置身于社会经济大系统中来考察企业的市场营销活动,认为企业营销是一个与消费者、竞争者、供应商、分销商、政府机构和社会组织发生互动作用的过程。企业营销的核心是正确处理与这些个人和组织的关系,将建立与发展同相关个人和组织的良好关系作为企业市场营销成功与否的关键因素。

交易市场营销强调市场占有率,在任何时刻,管理人员都必须花费大量费用,吸引潜在顾客购买;关系市场营销则强调客户忠诚度,保留老客户比吸引新客户更重要。关系市场营销的最终结果,将为企业带来一种独特的资产——市场营销网络。

关系营销的本质特征有以下4个方面:

1. 信息沟通的双向性

社会学认为,关系是信息和情感交流的有效渠道,良好的关系即渠道畅通,恶化的关系即渠道阻滞,中断的关系即渠道堵塞。交流应是双向的,如果仅仅由消费者联系企业,那么这种交流是单向的,沟通是不够充分的,企业与消费者之间无法建立一种稳定的关系。如果企业对消费者进行主动沟通,双方进行双向交流,则能够加深消费者对企业的认识,更能满足消费者的需求。在此基础上,消费者与企业之间就能建立一种和谐的关系,使企业赢得消费者的忠诚。

2. 战略过程的协同性

关系可分为对立性关系和协作性关系两类。关系营销的目的就是消除企业之间或消费者与企业之间为了各自的目标和利益而相互排斥和对立的关系状态,促进交易双方为共同的利益和目标而相互支持、相互配合与相互合作,力求在二者之间建立协同合作的关系。企业应与消费者、分销商、供应商和竞争者建立长期的、相互信任的与相互合作的关系。

3. 营销活动的互利性

关系营销的基础在于交易双方相互之间有利益上的互补。如果没有各自利益的实现和满足,双方就不能建立良好的关系。关系建立在互利的基础上,要求互相了解对方的利益诉求,寻求双方利益的共同点并努力实现双方的共同利益。真正的关系营销应达到关系双方互惠互利的境界。

4. 信息反馈的及时性

关系营销要求建立专门的一个部门,用以追踪各利益相关者的态度。关系营销应具备一个反馈的循环,连接关系双方,企业由此了解到环境的动态变化,根据合作方提供的信息,以改进产品或技术。信息的及时反馈使关系营销具有动态的应变性,有利于挖掘新的市场机会。

(二) 关系营销的市场模型

关系营销的市场模型概括了关系营销的市场活动范围。在关系营销的概念中,企业必须处理好与下面5个子市场之间的关系。企业营销关系如图7-1所示。

1. 企业与消费者的关系

消费者希望以合理的价格获得满意的产品或服务，而企业则需要消费者来购买产品和服务。在这一过程中，企业与消费者就建立了一种关系。传统的营销理论早已证明消费者对企业的生存与发展具有重要意义。消费者是企业要面对的第一个，也是最基本、最重要的外部公众，处理好企业与消费者的关系是关系营销的基本目标。

2. 企业与竞争者的关系

企业的竞争者包括现有的竞争者、潜在的竞争者和替代品生产者。现有的竞争者是指已进入市场、生产与企业相似或同类的产品并拥有一定消费者和市场份额的竞争者；潜在的竞争者是指准备加入市场、试图与现有企业争夺市场份额和资源的竞争者；替代品生产者是所有产业都可能面临的威胁，该类竞争者通过提供某种产品和服务来取代另一种产品和服务。一般来说，这类竞争者可能是最危险的竞争者。

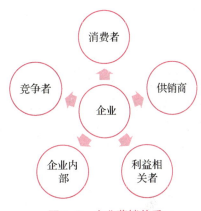

图 7-1　企业营销关系

3. 企业与供销商的关系

企业与供销商的关系就是企业与供应商、分销商之间的关系。这种关系是因为二者的分工而产生的，由于二者的协作形成了共同的利益。企业与供销商之间的关系历来受到企业的重视，企业希望与供销商建立密切的合作伙伴关系，以期在供、销两个方面都能得到强有力的支持。

关系营销的任务就是与供销商之间建立良好的关系，并保持这种关系。企业可采取一定措施来维护这种关系。

4. 企业内部关系

企业内部关系包括部门之间的关系和员工之间的关系。只有处理好内部关系，员工才能更努力地工作，关系营销的实施才能有一个良好的基础。

5. 企业与利益相关者的关系

企业的利益相关者包括本国政府机构、东道国政府、企业所在的社区与特殊的公众团体。政府是最具社会影响力和经济实力的影响者，要进入外国市场就必须与东道国政府进行沟通和协调，企业的生产经营活动依赖于社区所提供的各种资源、服务和支持。企业在处理与这些利益相关者的关系时，应遵循服从、参与和互惠合作等原则。企业在处理与公众的关系时，要注意树立企业形象，使公众认可；在处理社区关系时，应注意要给社区带来利益，促进社区经济发展；在处理与政府关系时，要与政府进行更多的交流和沟通。

(三) 关系营销的策略

在关系营销的市场模型中，企业尤其重视处理与消费者之间的关系，可以实施以下策略：

1. 设立客户关系管理机构

建立专门从事客户关系管理机构，选派业务能力强的人任该部门总经理，下设若干关系经理。总经理负责确定关系经理的职责、工作内容、行为规范和评价标准，考核工作绩效。关系经理负责一个或若干个主要客户，是客户所有信息的集中点，是协调公司各部门做好顾客服务的沟通者。关系经理要经过专业训练，具有专业水准，对客户负责，其职责是制定长期和年度的客户关系营销计划，以及制定沟通策略，定期提交报告，落实公司向客户提供的各项利益，处理可能发生的问题，维持同客户的良好业务关系。建立高效的管理机构是关系营销取得成效的组织保证。

2. 个人联系

个人联系即通过营销人员与客户的密切交流增进友情，强化关系。例如，有的市场营销经理经常邀请客户的主管经理参加各种娱乐活动，如滑冰、野炊、打保龄球、观赏歌舞等，双方关系逐步密切；有的营销人员记住主要客户及其夫人、孩子的生日，并在生日当天赠送鲜花或礼品以示祝贺；有的营销人员设法为爱养花的客户弄来优良花种和花肥；有的营销人员利用自己的社会关系帮助客户解决孩子入托、升学、就业等问题。

通过个人联系开展关系营销的缺陷是：易于造成企业过分依赖长期接触客户的营销人员，增加管理的难度。

3. 频繁营销

频繁营销规划也称老客户营销规划，是指设计规划向经常购买或大量购买的客户提供奖励。奖励的形式有折扣、赠送商品、奖品等。通过长期的、相互影响的、增加价值的关系，确定、保持和增加来自最佳客户的产出。

4. 俱乐部营销规划

俱乐部营销规划是指建立客户俱乐部，吸收购买一定数量产品或支付会费的客户成为会员。

5. 客户化营销

客户化营销也称为定制营销，是指根据每个客户的不同需求制造产品并开展相应的营销活动。其优越性是通过提供特色产品、优异质量和超值服务满足客户需求，提高客户忠诚度。客户化营销于20世纪80年代在西方兴起，20世纪90年代呈现蓬勃发展趋势，其将成为21世纪最重要的营销方式。

依托现代最新科学技术建立的柔性生产系统，可以大规模、高效率地生产非标准化或非完全标准化的客户化产品，成本增加不多，使企业能够同时接受大批客户的不同订单，并分别提供不同的产品和服务，在更高的层次上实现"产销见面"和"以销定产"。

6. 数据库营销

客户数据库是指与客户有关的各种数据资料。数据库营销是指建立、维持和使用客户数据库以进行交流和交易的过程。数据库营销具有极强的针对性，是一种借助先进技术实现的"一对一"营销，可视为客户化营销的特殊形式。数据库中的数据包括以下几个方面：现实客户和潜在客户的一般信息，如姓名、地址、电话、传真、电子邮件、个性特点和一般行为方式；交易信息，如订单、退货、投诉、服务咨询等；促销信息，即企业开展了哪些活动、做了哪些事、回答了哪些问题、最终效果如何等；产品信息，即客户购买哪种产品、购买频率和购买量等。数据库维护是数据库营销的关键要素，企业必须经常检查数据的有效性并及时更新。

二、推进网络营销

（一）网络营销的概念

朱迪·斯特劳斯指出，网络营销是指利用信息技术去创造、宣传、传递客户价值，并且对客户关系进行管理，目的是为企业和各种相关利益者创造收益。网络营销是企业营销方式的一种，是随着网络信息技术的发展而出现的一种营销方式。具体来说，网络营销就是利用互联网技术，通过现代化的营销手段来扩大企业影响，提高市场占有率的一种营销策略。随着经济的进步和技术的发展，传统的营销模式已经不能满足消费者的需求，网络营销正是为了适应这种新的变化，在更广泛的范围满足客户的需求而出现的一种营销方式。随着人们对市场和消费者认识逐渐深入，企业更加清晰地感受到无论采用什么样的销售手段，其最终的效果都取决于客户的感受。

从广义上讲，网络营销是以互联网为主要手段达到一定营销目标的经营活动，其流程如图 7-2 所示。

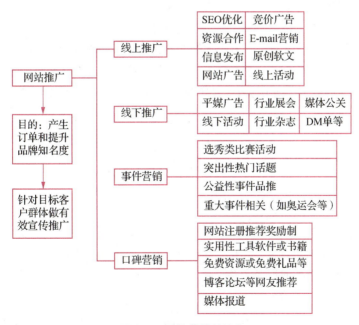

图 7-2　网络营销的流程

（二）网络营销的特征

1. 理论性

网络营销是以国内外众多新的营销理念和国内外新的实践探索为基础，吸收了其中新的营销理念的精髓，在此基础上发展起来的。网络营销理论还借鉴了多种学科理论，如计算机科学、网络技术、通信技术、密码技术、信息安全技术、应用数学、信息学等学科，表现出了鲜明的理论性。

2. 跨时空性

网络本身具有超时空性。依托于网络，企业可以跨越时间和空间的限制，在更大的空间、更自由的时间段进行营销。企业可以面向全球进行营销，更多地占领市场份额。

3. 互动性

网络营销的互动性有两层含义：一是企业通过网络展示产品和服务的基本信息，并连接这种基本信息，方便于产品信息的查询；二是企业通过网络与客户实现双向互动，收集、反馈客户意见，进行客户对产品和服务满意度的调查。在这种互动式营销中，买卖双方可以随时随地进行互动式双向交流，而非传统营销中的单向交流。企业也可以通过因特网收集市场情报为企业做出正确的决策，提供可靠而有效的依据。

4. 多媒体性

在互联网上，企业营销运作成本较低。网络媒体的多样性，也就是网络上的信息交换具有多种形式，除了传统的文字、声音、图像外，还有各种电子传送模式，网络营销主体借助于这些新兴的媒体传送模式（电子邮件、博客、社区、网络论坛等），更好地发挥创造性，增加网络营销的效果。

5. 人性化

互联网上的销售活动是以消费者为主导的，抹去了商家的强迫性，同时，兼具"一对一"的特征。这是由于网络销售具有人性化的特征，与传统推销活动的强势推销模式截然不同，这有助于企业与消费者建立起一种持久的、稳固的、相互信任的良好合作关系。

6. 经济性

网络营销成本较低，可以大大节约实体店面费用、印刷与邮递成本、水电与人工等销售成本和由于多次交换带来的损耗。网络销售消费者群较大，因此企业能够获得更多的经济利益。

7. 高效性

互联网本身就是一个巨大的信息存储系统，信息的发布与传送超乎人们的想象。海量的信息可以帮助消费者查找到适合自己的产品服务，使企业可以知道顾客的需求，进而企业能够适应市场需求，更新产品或调整价格。

(三) 网络营销对传统营销的冲击

网络市场营销作为一种新型的营销方式，有着传统市场营销所不具备的优点和特色，并对传统营销产生了一定的影响，使得传统营销在消费者关系、产品概念等方面发生了改变。

1. 对营销要素的冲击

市场营销学理论认为，营销市场是指某种商品的现实消费者和潜在消费者需求的总和，对一切既定的产品来说，营销市场是由消费主体、购买欲望和购买能力三方面因素构成的，营销市场可以看作三者的乘积。但是在网络信息化时代，网络营销的发展使营销市场的这

3个因素发生了变化,具体表现在以下几个方面:

(1) 消费主体的变化。

在网络信息化时代,网络市场中的主要购买者的显著特点是年轻化、知识型、个性化、有主见和较高的教育水平,网络消费群体大多是青少年群体,他们喜欢追求新鲜事物,兴趣爱好非常广泛,有时情绪不稳定。企业一定要了解网络消费者的这些特点并且针对这些特点来采取相应的营销方法和手段,采取正确合理的营销策略,实现网络营销的最优效果。

(2) 消费者购买欲望的变化。

消费者想要购买产品和服务的需求、动机和愿望,这些都是消费者购买产品和服务的欲望,购买欲望正是消费者将潜在的购买力转化为现实购买力的重要条件。

消费者的购买动机可以分为求实动机、感情动机、理智动机和信仰动机等。消费者的购买动机具有时代性,受到当前时代背景的影响,即受到政治、经济、科技、文化和宗教等因素的影响和制约。越来越多的消费者更倾向于网上购物,方便性和优越性显而易见。企业一定要正确把握消费者的购买欲望,以吸引消费者群。

(3) 消费者购买力的变化。

恩格尔定律说明,随着人均收入水平的提高,在满足了基本的生活需要的基础上,消费需求会逐渐向满足发展、智力和娱乐等方面转变。改革开放的成功使我国人均收入大幅度提高,城乡差别、地区经济发展不平衡等各种原因造就了一大批年轻有为、文化程度较高的高收入者。现代企业必须注意这批拥有可以自由支配收入的具有高购买力的网络消费者。

学习参考

京东商城的营销模式分析

京东商城(以下简称"京东")是中国B2C市场最大的3C网购专业平台,2015年第三季度市场占有率高达56.9%。京东拥有中国电商领域规模最大的物流基础设施,其配送站和自提点覆盖全国范围内的2 639个区县。目前,京东已经形成了由手机客户端、微信购物、手机QQ购物组成的完整移动购物布局,以富有竞争力的价格,提供品类丰富、品质卓越的产品和服务,以快速可靠的方式送达消费者手中,并提供灵活多样的支付方式。

京东的主要产品包括家用电器、手机数码、家居服饰、个护化妆等13类逾4 020万种自营商品。

京东的产品层级包括核心利益、有形产品、附加利益。核心利益是指满足各类消费者对各类产品不同购买需求的能力,而有形产品是不同种类、不同品牌、不同价格的各种产品。附加利益则是在满足不同产品需求的基础上,所提供的其他服务与优待,如基于完善自有物流体系的便捷购物体验、灵活的第三方产品展示空间、不受时间和地域限制的购物平台、条码比价、京东白条免息分期支付、掌上秒杀等。

市场营销

京东采取以有形产品为主的盈利模式，主要盈利仍为赚取采购价和销售价之间的差价所获得的直接销售收入。这是因为消费者的核心利益需求还是对产品的需求，其他的附加利益是建立在有品质和价格保证的产品需求之上的。京东产品种类丰富，价格低于线下零售店10%~20%，能够满足消费者核心需求。

除有形产品收入之外，其盈利点还包括第三方支付资金沉淀收入、虚拟店铺出租费、网络广告费等。

2. 对营销策略的冲击

在传统营销模式下，市场营销需要大力的人力、物力和广告费用的投入。在网络化时代，可以以最少的成本来博取最大的利益。这也是企业营销活动最根本的目的所在。网络营销对传统营销策略的影响表现在以下几个方面：

（1）个性化生产。通过开展互联网营销，企业发布产品信息之后能够在最短的时间内获得市场信息的反馈，这对企业调整自己的经营思路和营销策略具有重要的参考价值。另外，通过互联网反馈，企业还可以对关注产品信息的市场群体进行科学分析，使营销策略更具针对性，从而更加容易获取消费者的好感。

（2）灵活的品牌管理。品牌管理是网络营销中的一个难点，与传统营销一样单一品牌或多品牌的管理都存在一定的缺陷，在互联网营销时代，信息的交流空前频繁，企业如何保证自己的产品能够在品牌林立的互联网中独树一帜并且保证自己的品牌权益不被侵犯既是一个重点也是一个难点。在品牌策略的实际执行过程中，企业根据产品和市场的不同情况有针对性地制定营销策略，抓住消费者的需求和产品期望并为他们提供高质量产品和完善的服务，提高消费者的消费体验。消费者对品牌的认可，才是企业树立品牌形象的关键，并且一个品牌收益的消费者会在无形中成为企业品牌形象的推广者。

（3）差异化定价策略。在市场中，如果同一种产品有不同的价格，那么消费者若购买了价格较高的产品，则会产生一种强烈的被欺骗感。并且这种情绪会让消费者对原本十分认可的产品产生抵触情绪，与传统市场相比，网络市场的价格更加透明。此外，网络市场上的产品会分为若干档次，每个档次的产品价格都趋于一致。这样消费者在选择产品时不会因为价格而感到棘手，只需要选择自己需要的产品档次及符合自己需求的服务即可，在购买后也不会产生不满情绪，提升消费者的购物体验。

（4）极具操作空间的广告宣传。在网络营销模式下，企业通过互联网发布网络广告进行网上销售，网络广告将消除传统广告的障碍。其一，与传统媒体相比，网络空间具有无限性，网络广告可以不受时空的限制；其二，依托于互联网，网络广告效率大为提高，如企业可以根据用户群体的特点迅速对自己的营销策略及广告内容进行调整，还可以根据消费者的消费需求，适当向消费者传递其感兴趣的商品信息和内容，激发其潜在购买欲望。

3. 对营销方式的冲击

网络空间采用"人—机"互动的模式。在互联网上，用户可以突破空间限制，在任何

第七章 市场营销创新

时间共同分享网络信息,企业可以具体服务到个人,可以向消费者提供个性化的产品及服务,最大限度地满足消费者需求,提升他们的消费体验。可以说这种营销模式的改变是具有划时代意义的,其最终结果可能是大众市场消亡,以定制式生产、销售和服务为主的用户个性化市场开始兴起,并最终成为一种消费的常态,从而取代大众市场。

可以从以下几个方面来说明网络营销方式的新变化。

(1) 新的顾客关系。在网络竞争中,企业之间的竞争实质上是以客户为中心的营销策略的竞争。在网络竞争中,企业要分析客户需求、创造客户需求、争取新的客户、留住老客户、扩大客户群、建立亲密的客户关系等。网络营销要想获得成功,就要稳固保持与散布于全世界各地的客户的亲密关系,及时、准确地掌握客户的特征与需求,使客户认同企业文化,逐渐建立对企业、对企业产品和品牌的信任。这些都是企业竞争的重要因素,任何一个因素被忽略都有可能会对企业的竞争力造成重大的影响。在网络营销中,企业的市场定位、客户群体、产品种类及一切传统的营销策划要素都会发生比较明显的变化,企业不仅要适应跨时空交流,还要不断创新增强产品的吸引力。

(2) 联盟式战略营销。

互联网是一个开放、自由、平等的平台,它能够为人们的交流和交往提供一个完美的平台,这对于网络营销具有重要的意义。互联网具平等、自由、开放的基本特性为人们的交流提供了一个完美的平台,在网络经济时代企业营销策略和营销方式上的竞争几乎是透明的。因为竞争对手对彼此的了解甚至超过对自己的了解,并且每个消费者都能够通过一定渠道对销售商的营销策略进行了解,所以网络时代企业的市场竞争是透明的,人人都能掌握竞争对手的产品信息与营销行为,因此,竞争胜负的关键是谁能够及时、准确地获得相关信息,进而采取优势竞争战略,在市场竞争中小企业由于调度更为灵活,往往能够更为迅速地对市场变化做出反应,使小企业对市场的适应能力比大企业更强,这也是小企业与大企业竞争的优势所在。互联网给予了中小企业与大企业进行公平竞争的平台,在这个平台上,双方可以充分发挥自己的优势。在互联网环境下,单靠某个企业应对来自市场各方面的变化是不可能的,因此要通过合作达成合作、竞争的关系,利用网络的特点将各个企业联合起来并通过合理的内部竞争增强企业发展的活力。这是网络经济时代一种重要的合作方式。

(3) 便捷的跨国经营。

在网络营销中,企业将目光瞄准国际市场是非常具有前瞻性的一种发展选择。在传统的企业发展模式中,企业只需要做好自己的本职工作,处理好区域市场便可获得稳定的发展空间,但是在网络经济时代,经济和市场的开放性都前所未有的活跃起来,外来因素的冲击使得市场竞争变得更加激烈,只能被动进行调整,影响企业的经营状态。可以说网络经济发展如此迅速的今天,企业采取网络跨国经营的时代到来了。这是未来经济发展的基本趋势,也是时代潮流的发展方向。在网络经济时代,企业不仅要将自己国内市场的优势充分发挥出来,也要充分了解国外市场,时刻做好开展国际贸易的准备。

另外,对外国市场的熟悉和了解不仅能够帮助企业更好地开辟国际市场,还能够帮助企业了解最新行业国际动态,便于企业调整国内经营思路,从而提高企业对外来因素冲击的抵抗能力。

(4) 优化经营结构。

企业内部网的发展得益于互联网。无论是企业的内外部沟通，还是企业的日常经营管理都要依赖于网络。企业内部网的发展使得企业直接参与营销、宣传的工作人员数量较少，企业的组织层次得到精简、销售链条更为简洁、高效。这些变化可以有效地帮助企业缩减自己的经营成本。企业经营结构的优化是建立现代企业必须要完成的一项改革工作，在网络经济时代，传统的企业组织机构和职能设置已经不能满足经济发展的需求，只有通过不断地调整和变化才能适应经济发展的节奏。另外，企业内部网络系统的兴起改变了企业员工的工作方式。为了帮助他们适应新的工作，企业要通过多种途径对企业员工进行培训，提高他们的业务素质和个人能力，为企业的发展提供更大的支持。

学习参考

"双十一"海外购

"双十一"全球狂欢节正如火如荼，用时22时28分37秒，2018年天猫"双十一"成交额突破2 000亿元。记者从阿里巴巴了解到，活动开始仅半天，俄罗斯、法国等地便有消费者收到了"双十一"下单的包裹。其中，大量订单由菜鸟位于莫斯科、巴黎等地的海外仓发出，"海外仓当日达"已成为"歪果仁"剁手的标配。上海、杭州、郑州、哈尔滨、香港、澳门等地，菜鸟多条线路的包机蓄势待发，万吨产品搭乘50余架包机和其他航班飞往莫斯科、列日等地，随后送抵欧洲各国，其中最多的商品是手机、家具用品、计算机。在深圳、宁波等港口，近千组集装箱也开始装载天猫海外的"双十一"包裹，准备送往新加坡、马来西亚、澳大利亚等地，其中包括大量国产电器、家具。通过与海关总署的关务系统直连，天猫"双十一"进口包裹清关和通关效率大提速。截至上午9时01分，天猫"双十一"进口订单清关量突破1 000万单，比2017年快了10小时30分钟，智能物流骨干网再度创下了"秒级通关"新纪录。与此同时，菜鸟位于我国香港、大阪、东京、首尔、悉尼、奥克兰、马德里、阿姆斯特丹、法兰克福、洛杉矶、芝加哥等地的14个全球订单履行中心均已发货，国内消费者正陆续收到来自全球的天猫"双十一"包裹。

(四) 网络营销的策略

在网络营销中，制造企业考虑最多的是消费者的需要与欲望是什么，然后再根据这种需求与欲望来设计和开发产品；在制定价格时，企业不应自己的成本为导向，而应着重考虑消费者对这样的产品愿意付出多少成本。

1. 产品策略

(1) 核心产品策略。

将网络作为营销的主要载体，在网络上进行大范围销售时，就要对产品有所选择，因为并非所有的产品都适合进行大范围的网络销售。一般情况下，企业在选择网络营销产品时，要考虑以下几个因素。

①不同的产品，针对的目标消费者群不同。重合度大时进行网络营销就会比较有效，重合度小时就应该开辟其他的方式来进行该产品的营销。

②还应测算一下网络营销所能覆盖的目标市场的容量，容量较大时进行网络营销才会有较高的效率。

③根据企业的物流与配送能力以确定企业经营的产品种类。

网络的优点之一，就是它消除了地域的限制，但是这仅限于信息的传播。购买的实现包括两种流动：一种是金钱的流动，消费者通过一定的方式向企业支付其所购买的商品的费用；另一种是实物的移动，消费者在购买了某种产品后，该产品必须以一定的方式送到消费者手中。

（2）品牌策略。

品牌策略即为消费者提供的形式价值。企业除了要考虑将自己的营销组合与网络结合以外，在网络空间中建立自己公司的品牌也日趋重要。拥有最佳品牌的企业对于消费者具有最强大的吸引力，并且能够依仗其具有品牌个性的产品制定较高价格，从而产生最佳的经济效益。采用这种整合营销组合的典范有可口可乐公司、联合航空公司等。

（3）服务策略。

服务策略即为消费者提供的延伸价值。在网络营销中，企业可以为消费者提供以下几个层次的服务：在消费者购买之前，可以为其提供各种有关产品的信息，如产品的性能、外观等，同时，设立相应的对话系统，随时解答消费者提出的各种问题；消费者购买产品后，在使用的过程中可能会产生一些问题，企业应通过一定的途径及时了解并帮助解决。

2. 价格策略

在网络营销中，企业以消费者为中心，在制定价格时要从消费者的角度进行考虑，测试消费者对企业所提供的各项价值的评估并根据消费者对该价值的心理预期来定价，因此，成本导向的定价方法在此时处于逐渐弱化的地位，需求导向定价法和竞争导向定价法成为主要的定价方法。

（1）需求导向定价法。

网络的互动性可使企业较为迅速地了解到目标消费者的需求和消费者对于产品的预期价格等。这样，企业可以根据消费者的心理预期来为自己的产品制定价格，避免了传统营销中不了解消费者的心理，而导致制定的价格过高或过低的弊病；同时，网络使企业在把握消费者个性化需求方面更具洞察力，企业不用再像传统营销那样通过外观、式样、档次等进行以产品为基础的差别化定价，通过网络的互动性，企业可让消费者自己设计想要的产品并根据这种个性化的需求定价，更具合理性。

（2）竞争导向定价法。

目前，在网络营销中，以竞争为导向的定价方法主要有拍卖式的定价方法和招标式的定价方法。所谓拍卖式的定价方法，是指专门进行拍卖的公司在收到商品所有者的委托以后，在某一专用的场所公开竞价的方法。招标式的定价方法是由招标的企业或机构在网络上发布招标的公告，投标的企业或机构进行投标，然后招标的企业或机构选择其中条件较好的，再通过网络进行招投标。

3. 分销策略

网络作为一个连接企业与消费者的桥梁，具有直接、快捷、灵活等优点，但是，网络介入营销领域是一个逐步的过程，在大多数时，它会和传统的营销要素协作与整合，对整体的营销效果起到推动的作用。这时的传统分销系统依然有存在的价值与意义。与此同时，从另一个角度上来讲，即便网络在营销中介入较深，消费者可以在网上直接订购该产品，分销商也并不会从根本上被这种网络直接渠道全盘替代。这主要是因为一项网络交易的完成要通过3种流通的达成而实现，即信息流、资金流和物流。网络的介入和资金交付系统的不断完善使信息流和资金流均可以绕过分销商而在网上直接达成，但是产品实物的流动却一定要通过网络以外的其他渠道来达成。这时，分销商可以在营销体系中充当物流配送实体的角色。

三、渗透绿色营销

（一）全球绿色消费浪潮的兴起

随着企业面临着外部环境复杂多变，市场营销理论的应用也在不断发展，由忽视对自然环境保护的传统营销演进为重视保护自然环境的绿色营销。这一新的营销方式也恰好迎合了人们的绿色消费意识，引起了消费者心理和行为的变化。

绿色消费是一个广义的概念，是指在消费者具有环境意识的前提下，要求企业生产并销售有利于环保的绿色产品或提供绿色服务，以减少对环境伤害的总体消费活动和方式。绿色消费是一种以"绿色、自然、和谐、健康"为宗旨的，有益于人类健康和社会环境的新型消费方式。

绿色需求是人类在社会实践中追求绿色物质和精神需求的总和。它不仅表现为人们对农、食、住、行、用等各方面的生存、安全、生理需求，而且还体现在社交、享乐、发展等高层次的需求上。绿色需求反映了人们返璞归真、崇尚自然、向往绿色、放弃更多物质追求的价值观念，体现了从为当代人到为几代人、几十代人生存、安全需要考虑的长远思考，是一种更高层次的理性需求，是可持续发展的需要，是全人类未来发展的需要。

在国际上，绿色消费在各种概念的作用下，变成了一个较为宽泛的体系，一些环保专家将其概括为5R系统：节约资源，减少污染（Reduce）；绿色生活，环保选购（Reevaluate）；重复使用，多次利用（Reuse）；分类回收，循环再生（Recycle）；保护自然，万物共存（Rescue）。

国外学者将避免使用六大类产品的消费者视为绿色消费者。这六大类产品如下。

（1）含有对动物残害或剥夺而生产的产品。

（2）使用出自稀有自然资源或动物的产品。

（3）对其他发展中国家有不利影响的产品等。

（4）产品过期，过度包装或生命周期较短的产品。

（5）危害消费者和他人健康的产品。

（6）在生产、消费和废弃后造成大量资源消耗的产品。

绿色消费已经逐渐由过去的仅产生于绿色食品领域，逐渐演变为包括绿色家电、绿色服装、绿色住宅等在内的多个体系。而且绿色消费也不仅限于个人，绿色农业、绿色环境、绿色化工、绿色技术等宏观层面的绿色消费也在迅速发展。

学习参考

ISO 14000 环保认证标准

1993年，国际标准化组织（ISO）成立了环境管理标准技术委员会（ISO/TC207），将环境管理工作纳入国际标准化的轨道，颁布了 ISO 14000 系列标准。ISO 14000 系列标准的宗旨是通过建立、实施一系列环境管理体系，达到"全面管理，污染预防，持续改进"的目的。其中，ISO 14000 环境标准制度，则是通过环境标志对企业的环保行为加以确定，以推动有益于环境的产品的发展，达到企业自觉改善环境、保护环境的目的。我国是 ISO/TC207 的成员之一，1995年成立了全国环境管理标准化技术委员会和中国环境管理体系认证指导委员会，实施 ISO 14000 环境指标的认证工作；1996年12月，将 ISO 14000 系列标准等转化为国家标准，通过认证的企业可获得"绿色"标志。

（二）绿色营销的策略

1. 实施绿色管理

绿色管理是融环保观念于企业经营管理之中的一种管理方式，其目的是将环保意识渗透到企业经营管理的各个方面。若要实施绿色管理，企业内部应建立相应的规章制度，建立专门的绿色管理机构以监督和管理企业绿色营销的实施，保证绿色营销活动能够顺利进行。

绿色管理机构的主要职能是：企业资源和产品开发的管理与控制；绿色产品质量的监测与控制；企业治理"三废"及其环保指标的制定与监督管理等。

2. 收集绿色信息

绿色信息不同于一般的市场信息，包括绿色消费信息、绿色科技信息、绿色资源信息、绿色竞争信息等。收集绿色信息是企业开展绿色营销活动的条件。

3. 开发绿色产品

绿色产品是指从产品设计开始，其使用的资源、生产、市场推出、消费者使用甚至报废的全过程都能满足消费者的需要及终生安全、社会接收和自然持续要求的产品。绿色产品标准已得到社会公认。首先，不论是核心产品还是外延产品，有形产品还是无形产品，绿色产品策略追求的都是以消费者为中心并满足绿色产品标准要求。特别是产品的包装，除采用能节约资源、无毒无害、易被分解吸收、对生态环境不造成危害的包装材料外，还要考虑尽量不包装或包装物再循环等措施。其次，要高度重视绿色产品的认证工作，尽早通过认证获得绿色身份，有效提高产品的市场竞争能力。最后，在绿色消费盛极一时的经济环境下，独具特色的绿色品牌将是现代企业制胜的法宝，因此，企业不仅要重视创建绿色品牌，还要重视绿色品牌的维护。

4. 制定绿色价格

伴随着社会经济的快速发展，人们的生活水平将不断提高，人们的健康意识、环境意识、可持续发展意识将不断强化，人们将更加偏好绿色产品的消费。在消费绿色产品的群体中，人们在意更多的是产品本身的预期价值高低，而非当前价格的高低。企业在对绿色产品进行定价时，一定要做好价格解释和产品预期价值的宣传工作，特别是绿色消费观念的引导工作，以求得消费者的了解、理解和支持。现在已经开始流行买健康、买环保，人们越来越注意生活饮食、房屋装修、家具配置、办公环境、办公设施等方面的安全、环保等绿色问题，在这些事关健康、安全、环保等方面宁可花费更多，也越来越能理解并接受绿色产品的高价位。此外，企业可努力通过扩大生产、销售规模来降低产品成本，调低产品价格，以扩大绿色产品的消费群体。

5. 构建绿色渠道

绿色营销要求企业所构建的渠道体系在满足消费者方便购物需求的同时，还要高度重视其绿色问题。为提高企业渠道体系的绿色程度，应努力做到以下几点：

（1）销售渠道扁平化。减少传统金字塔式渠道的通路层次，降低长渠道可能带来的运输、存储的能源消耗及运输过程中运输工具大气排放物的污染。

（2）运输过程绿色化。减少运输过程中包装物的使用，使用不对环境造成污染的包装物。设立绿色专柜或绿色商品销售公司，建立绿色产品流通网，同时，要特别注意网点与网站的绿色包装。

（3）增加渠道的回收、循环使用、翻新等清洁功能。

（4）强化渠道工作人员的绿色意识，制定绿色工作标准，规范其工作行为，严把流通过程中的绿色关。

积极采用现代化的网络销售手段实施电子化分销。互联网技术和电子商务的飞速发展，为企业渠道电子化提供了广阔的空间。电子化渠道以跨时空、交互式、拟人化、高效率、低污染为特征，能够适应新经济及绿色营销的要求。

6. 开展绿色促销活动

绿色促销核心是利用有效的沟通手段，选择具有绿色特征的媒体开展传播活动，通过充分的信息传播，塑造企业及其产品的绿色品牌形象，以赢得公众的信任和支持，为企业谋求更多的便利和竞争优势。在进行广泛绿色宣传不断提高企业绿色知名度的同时，还要支持社会公益活动，提高企业的美誉度。随着高科技的迅猛发展，企业促销手段数字化趋势越来越明显，企业与企业、企业与公众之间可以通过网络进行便捷、快速、低成本的双向交互式沟通，网络广告、站点宣传、网上新闻发布、栏目赞助、参与或主持网上会议、发送电子推销信息、在网络论坛和新闻组发送信息传单等，均可作为绿色产品及企业的促销手段。

绿色营销活动流程如图 7-3 所示。

第七章　市场营销创新

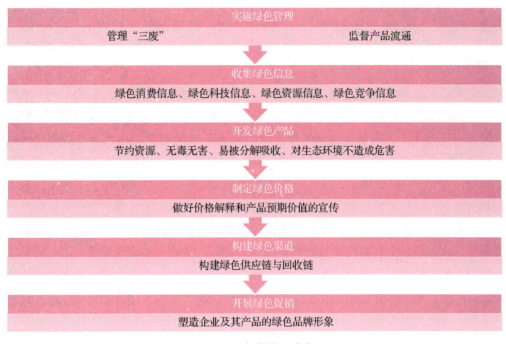

图 7-3　绿色营销活动流程

四、营销新发展

（一）个性化营销

个性化营销即企业把对人的关注、人的个性释放及人的个性需求的满足推到空前中心的地位，企业与市场逐步建立一种新型关系，建立消费者个人数据库和信息档案，与消费者建立更为个人化的联系，及时地了解市场动向和消费者需求，向消费者提供一种个人化的销售和服务，消费者根据自己需求提出产品性能要求，企业尽可能按照消费者要求进行生产，迎合消费者个别需求及品位，并应用信息采用灵活战略适时地加以调整，以生产者与消费者之间的协调合作来提高竞争力，以多品种、中小批量混合生产取代过去的大批量生产。这有利于节省中间环节，降低销售成本。不仅如此，由于社会生产计划性增强，资源配置接近最优，因此，商业出现"零库存"管理，企业的库存成本也节约了。

在过去，由于追求大规模集约生产技术、标准化的理念和操作的高效率，导致商业哲学是强调把一种标准产品出售给尽可能多的消费者。销售者在识别和走进消费者的进程中呈现一种越来越明显的反复现象。由此，营销思想和实践也呈现出相应的变化轨迹：大众营销→市场细分→深度定位市场营销→微营销→批量定制→个性化。自从 1950 年大众营销处于全盛期开始，经过了几十年。到 21 世纪，营销思想已转变为以越来越小的消费群作为市场目标。现在，多种战略并存，使销售者可以在各种战略中进行挑选。消费者策略的多样性是未来营销实践的特点。销售者可以混合多种战略，一些战略针对相对较大的细分市场；而另一些则针对深度定位市场。其中，一部分业务将个性化，其目标消费群将被细分为以单个人为单位，建立一对一的关系。

> **学习参考**
>
> 2018年，我国的零售行业经历了巨大变革，从大数据到物联网，从线上线下零售的分割到融合，从供应链重构到物流体系智能化，智慧零售发展模式已经成为不可逆转的趋势。2018年1月2日，中新经纬研究院发布《未来零售的前景、困境与路径选择——中新经纬研究院未来零售发展路径调研报告》，以国内领先的O2O智慧零售企业苏宁易购（以下简称"苏宁"）为样本，用多场景"互联+"反向C2B的模式给出了答案。报告直言，整个零售行业正呈现出前所未有的线上线下融合之势，这意味着行业进入智慧零售新时代，即未来的商业不再区分线上和线下，而是围绕用户构筑多场景互联、全业态融合的场景服务。这也是苏宁智慧零售最为明显的优势之一。在技术和市场的驱动下，消费模式的新一轮变革已经发生。苏宁运用大数据、云计算等技术，实现零售核心要素数字化及零售运营智能化，致力于打造场景互联网和双线融合，以更高效率、更好体验为用户提供商品和服务。在"智慧零售大开发"战略的指引下，苏宁的智慧零售已取得累累硕果，线上运营能力快速提升，线下业态全面开花。2018年，围绕"两大、两小、多专"的业态产品族群，苏宁新开门店8 000余家，形成了以苏宁广场、苏宁易购生活广场为主打，以苏宁小店和零售云店作为连接器来承载苏宁智慧零售科技应用和体验创新的复合消费场景，以及以苏宁易购云店、红孩子、苏鲜生、苏宁体育、苏宁影城、苏宁极物等专营店打造品质消费的一幅智慧零售生态的完整图景，涵盖购物消费、休闲娱乐、金融服务等多个场景，通过供应链、场景、支付、营销、新技术应用等方面的集成，创造了令消费者满意的"苏宁模式"，成为行业的风向标。

除了需要做决策，创建关于产品、价格、促销、渠道的策略之外，还需考虑以下几方面的因素：出售产品的人员；产品所带来的物质财富；购买者获得和使用产品的程序；使产品个性化，具有独特性，满足不同购买者的独特需要。

传统的营销组合主张管理人员必须首先确定需出售给消费者的产品是什么。这些决策主要包括产品所具有的特征、为消费者带来的好处、质量水准、数量和包装等。在专家意见、直觉、敏锐的洞察力和系统的市场研究基础上，产品的决策是基于产品本身——它是什么和它能为顾客带来什么。决策者一旦决定开发这种产品，就要做一个营销计划，详细制定该产品如何定价、送货和促销。营销的概念，这一被广泛讨论的商业哲学，始终强调4PS因素在决策中的一体性，以形成统一的战略。我们认为，个性化是所有营销战略中的重要因素，它应包含在产品开发中，并以有关个性化的程度和性质的决策来指引产品开发的方向。当决策者开发这种产品时，他们应把想要提供给市场的个性化的程度融入其中。这一考虑将影响产品生产的批量定制方式，以及怎样使服务个性化。

对一种服务性产品，管理者应决定是否每个消费者都需要完全一样的服务（如公共汽车），或者是否每个消费者都需要完全不同的、独特的服务（如出租车）。服务商始终面临这一问题。当他们设计服务时，他们要考虑有多少服务可以产业化，有多少服务只能个别提供。正如银行可以兑换每一张支票，自动柜员机（ATM）也能自动进行这些兑换业务。而贷款，则需要大量的个别接触，使整个申请贷款和获得贷款的过程成为个性化的经历。服务性产品个性化的程度是消费者偏好、操作效率和营销战略的函数。

对于其他服务也存在同样的例子。在不同公司的营销战略中可以看到个性化的不同运用。以麦当劳为例，作为经营高度标准化食物产品的先驱，虽然在菜单的有限范围内可以做出个人选择，但是每种汉堡包都是完全相同的。而与此相对照的是：汉堡王（Burger King）告诉消费者可以用自己的方式享用。麦当劳长期作为市场领导者一直保持至今，但Burger King仍保持竞争力，并获得相当大的销售收益，这表明消费者偏好会改变，从标准化变得越来越个人化。麦当劳现在正在开发一种更个人化的汉堡包来与之对抗。

在消费时尚的年代，消费者越来越追求具有个性化、情感化的产品，而不再满足于一般的大众化产品。消费者的消费观念从理性消费走向感情消费，表现出以下特征：

（1）主观：消费者的主观性越来越强，广告和促销活动等已经越来越难以改变消费者的主观意念，销售成本直线上升。

（2）个性化：消费者的行为呈现出相当的差异化。

（3）善变：买方市场的全面来临、竞争的日趋激烈使消费者的心态和行为越来越缺乏持续性，越来越逆反、求新、多变。

个性化营销的优势与传统的目标市场营销相比，个性化营销具有以下明显的优势。

（1）更加充分地体现现代市场营销观念。现代市场营销观念，就是"客户至上""爱你的客户而非产品"的思想。

（2）增强企业市场竞争力。个性化营销是根据自己的个性化需求自行设计的，改进出来的产品是顾客最满意的产品。

（3）最大限度满足消费者个性化需求。

（4）能带动企业提高经济效益。由于和消费者保持长期的互动关系，因此，企业能及时了解市场需求的变化，有针对性的生产，不会造成产品积压；缩短了再生产周期，降低了流通费用。另外，个性化产品为产品需求价格增加了弹性，提高了售价，从而提高了单位产品的利润，企业经济效益自然可以凸显。

（二）消费联盟

1. 消费联盟的概念

消费联盟是以消费者加盟和企业结盟为基础，以回报消费者利益为驱动机制的一种新型营销方式。具体做法是：某个营销主体以自愿入会的方式吸纳消费者加盟消费，消费者取得该主体及其行销网络的消费资格，营销主体将消费者在其行销网络中的累计消费金额折算成消费积分，然后根据消费者积分的多少，按一定比例给予消费者回报的一种营销方式。消费联盟的实质是通过上述这种营销机制组建一种各方面联系密切、利益共享的合作型行销网络，培养固定的消费群体，建立一种稳定的、人性化的产权关系，将传统营销方式中由中间商瓜分的利润通过消费者的重复消费、规模消费而直接回馈给消费者，从而达到提升消费者权益,满足消费者需求的宗旨及精神。

消费者加盟某一行销网络之后,即获得该网络统一颁发的消费卡,消费者持卡可在行销网络中的任何一家结盟企业以正常价格刷卡消费,每笔消费金额都将累计自己的积分,根据自己消费积分的多少可以享受结盟企业联合提供的优厚利益回馈——现金或其他奖励。

2. 消费联盟的运作方式

(1) 消费者加盟。消费者通过填表入会的方式取得消费资格,成为联盟中的固定消费者。如此发展下去则会形成一个庞大的辐射状的消费网络。

(2) 企业结盟——营销主体与生产和经营衣、食、住、行、乐等厂家和商家结盟,签订结盟协议,使其成为联盟中的固定供应商,如此发展下去则会形成一个庞大的跨地域、跨行业的行销网络。营销主体将这两个网络作为营销资源进行有机整合,形成了一种符合21世纪营销趋势的合作型营销方式。

学习参考

"什么值得买"是一家网购产品推荐网站,同时,也是集媒体、导购、社区、工具属性为一体的消费决策平台。网站成立于2010年6月30日,早期以优惠信息为主,以后逐渐加入海淘、原创(原晒物、经验)、资讯、众测百科等多个频道。其内容大部分来自网友推荐,每天通过网站本身、RSS、各手机客户端及各浏览器插件推送产品特价信息,帮助广大网友买到更有性价比的产品。

3. 消费联盟的主要优势

(1) 协同运作,利益共体,有利于企业间建立一种长期稳定的合作关系。在当前市场竞争加剧、市场需求多变的营销环境下,企业必须与供应商、分销商、消费者,甚至竞争对手进行有效的合作,才能获得长期、稳定的发展,获得"1+1>2"的协同效应。消费联盟是以企业结盟方式作为基础的,不同企业间通过签订结盟协议,共同开拓市场,能使企业间建立一种长期稳定的协作关系,做到优势互补,共同发展。它改变了当前企业间关系松散、各自为战的状况。对同行业企业来说,它能避免同行业间为争夺市场而进行的"价格战"等恶性竞争,通过共同制定销售政策,促使同行业竞争的良性发展;对异业企业来说,它能实现营销要素的优势互补,发挥联盟的多功能综合优势。

(2) 利益回馈,有利于建立一支忠实的消费群体。当今社会,企业营销的最大困难是消费者忠诚度日益下降。企业很难建立一支稳定的、忠实的消费群体;而稳定的、忠诚的消费群体恰恰又是企业获得稳定的利润的关键。广告信息量的"爆炸"和消费者固有的"喜新厌旧"心理使企业很难锁定目标消费者;而要锁定目标消费者,就要长期地、源源不断地给他们回馈利益。这是维系企业与消费者"天长地久"关系的关键,正如一位社会学家所说的:"世界上没有永远的朋友,也没有永远的敌人,只有永远的利益。"传统的营销方式虽然也强调维护消费者的利益,但很少有稳定的、制度化的保证,如果竞争对手用较低的价格进行销售,或者用类似的技术解决消费者的问题,则消费者很可能就成为转换品牌的游离分子,而消费联盟则是联盟企业通过消费者的重复消费累计消费积分,将过去由中间商瓜分的利润用制度化的方式直接回馈给消费者，而且，由于消费联盟实行的是生产、消费、销售、服务一体化，杜绝了仿冒和不公平行为，还可以使消费者获得超值的品质和服务利益。消费者持卡消费越多，其得到的利益回报也将越丰厚，广告不再是强有力的竞争"武器"，竞争对手很难用煽动性的广告语来破坏企业与消费者之间结成的"利益共同体"，从而保证了顾客群的稳定性。

（3）资源共享，有利于节省营销费用。在当今社会，企业营销的优势在于是否能用较低的代价获取更多的、有效的营销资源。企业的营销资源越丰富，其市场营销的效率就越高，营销成本则越低。传统营销的一大弊端就是缺乏一种营销资源共享的观念与机制，企业间相互封闭，缺乏资源的交流，以致营销费用节节攀升。消费联盟的资源共享是多方面的。如前所述，消费联盟是由两个网络构成的：消费网络和行销网络。其中，消费网络——消费卡持有者是结盟企业彼此拥有的最大的"共享资源"，由于利益的驱动，消费网络不仅稳定，而且会不断扩张。众所周知，消费群越稳定，购买的回头率越高，则营销费用越低。因为开发一个新客户比维持一个老客户要花费高若干倍的费用与时间。而消费联盟维持老客户的费用，又比一般市场营销方式的维持费用更低；同时，由于企业结盟，企业间联手开拓市场，其平均分摊的费用比单体企业开拓市场的费用要低很多。另外，企业结盟后，不同企业间可以在资讯、技术、信息、管理、渠道等方面进行相互沟通和交流，也能形成共享资源，从而大量节省市场调研、产品开发、渠道开拓和促销等方面的费用，实现以小博大。

（4）产、销合一，有利于提高营销效率。不同的营销方式有不同的适用条件，也会产生不同的营销效率。在当今消费节奏不断加快、消费个性化趋势日益明显的情况下，要求营销方式的设计必须加强产、销直接联系。改变渠道成员之间的松散的结构模式，从而提高营销的整体效率。可以说，"产、销合一"是21世纪营销的大趋势。而消费联盟所倡导的正是厂商与消费者的直接联盟，它不仅将传统营销方式中由中间商瓜分的利润直接回馈给了消费者，从而建立了产、销之间的利益联系，结成了利益共同体，而且还为产、销之间架起了一条双向沟通的桥梁，加强了产、销之间的情感联系和信息交流，双方相互认同，紧密合作，联手构筑了一道防御竞争对手"侵略"的壁垒，形成了一个产、销共生双赢的良性局面，从而提高了营销效率。

（三）大市场营销

1. 大市场营销概念的提出及发展

大市场营销是对传统市场营销组合战略的不断发展，该理论由美国营销学家菲利普·科特勒提出。他指出，企业为了进入特定的市场，并在那里从事业务经营，在策略上应协调地运用经济的、心理的、政治的和公共关系等手段，以博得外国或地方各方面的合作与支持，从而达到预期的目的。大市场营销战略在"2P"的基础上加上"2P"即权力（Power）和公共关系（Public Relations），从而把营销理论进一步扩展。

所谓大市场营销，是指为了成功地进入特定市场，并在那里从事业务经营，在战略上协调使用经济的、心理的、政治的和公共关系等手段，以获得各有关方面（如经销商、供应商、消费者、市场营销研究机构、有关政府人员、各利益集团及宣传媒介等）的合作及支持。

2. 大市场营销的具体表现

大市场营销不同于传统的市场营销战略，具体表现在以下几个方面：

（1）市场营销目标。在一般的市场营销情况下，对某种产品来说，市场已经存在，消费者了解这种产品，只是在不同品牌和不同供应商之间做选择。进入市场的公司要明确目标需求或消费群体，设计出适当的产品，建立分销网络，并要制定市场营销信息传递方案，而大市场营销者所面临的首要问题是如何打进市场，如果产品是新产品，那么还必须通过宣传教育来启发消费者新的需求和改变消费习惯。与单纯地满足现有的需求相比，企业还要具备更多的技能，花费更多的时间。

（2）牵涉的有关集团。常规的市场营销者与下述有关方面打交道：消费者、经销人、商人、广告代理商、市场调研公司等。而大市场营销牵涉的方面则更多，如立法机构、政府部门、政党、公共利益团体、工会、宗教机构等。

（3）市场营销手段。大市场营销除包括一般市场营销组合外，还包括两个权力和公共关系。

①权力。大市场营销者为了进入某一市场并开展经营活动，必须能经常地得到具有影响力的企业高级职员、立法部门和政府部门的支持。例如，一个制药公司欲把一种新的避孕药打入某国，就必须获得该国卫生部的批准，因此，大市场营销需采取政治上的技能和策略。

②公共关系。如果权力是一个"推"的策略，那么公共关系则是一个"拉"的策略。舆论需要较长时间的努力才能起作用，然而，一旦舆论的力量增强了，就能帮助公司占领市场。

（4）诱导方式。营销人员应着重学会积极的诱导方式，用来说服有关方面与企业合作，争取让有关方面都能给对方提供足够的利益来鼓励自愿的交换。

然而，大市场营销人员往往认为常规的诱导方式是不够的，对方如果提出超出合理范围的要求，或者根本不接受任何积极的诱导，那么公司可能不得不支出额外的付款，以加速对方的批准过程。公司也可以采取威胁手段，如扬言要撤销给对方的援助或者动员一批反对其他集团。

（5）期限。大多数产品的引进时期只有几年时间。但大市场营销战略的实施往往需要更长的时间，因为需要打开的大门太多了，而且，如果产品对公众来说是新产品，那么还需要做大量工作来对目标市场的消费进行指导和教育。

（6）投资成本。由于大市场营销的开拓工作需要很长时间的支持，而且需要支付额外款项以赢得各方的配合，因此投入的成本很高。

（7）参加的人员。市场营销问题一般是由产品经理处理的。他凭借广告专家、市场研究人员及其他专业人员提供的服务来开展工作，但若要处理大市场营销的问题就需要公司内外更多的专业人员参与其中，包括最高管理人员、律师、公共关系和公共事务的专业人员等。大市场营销的计划及其实施需要更多的人员参加，同时，也需要进行更多的协调工作。

3. 大市场营销与一般市场营销的联系与区别

大市场营销是在一般市场营销基础上深化与发展的，但大市场营销又具有与一般市场营

第七章　市场营销创新

销不同的特点和作用。

（1）从市场营销目标来看，对一般市场营销而言，市场已经存在，消费者已了解这种产品。大市场营销所面临的首要问题是如何打进市场，特别是进入封闭的市场，这势必要求国际及国内市场营销人员掌握更多的技巧，花费更多的时间。

（2）从参与市场营销活动的各种人员来看，一般市场营销人员经常是同消费者、经销商、广告商、市场调研公司打交道，而大市场营销者除与上述人员打交道外，还经常与立法机关、政府部门、政党、公共利益集团、工会、宗教机构等打交道，以争取各方的支持与合作，使这些力量不起阻碍作用。可见，大市场营销所涉及的人员更多、更复杂。

（3）从市场营销手段来看，一般市场营销手段主要包括产品、价格、分销和促销。大市场营销除包括四大营销策略外，还包括政治权力及公共关系，即大市场营销者不仅向消费者提供适销对路的产品或服务，还使用劝诱和赞助的手段取得对方的支持和合作。

（4）从诱导方式来看，一般市场营销人员采用正面积极诱导以说服各方人员给予合作，正面诱导的基础是自愿交换的原则及等价交换的原则。大市场营销认为常规的诱导方式已不够，因为对方或者提出不合理要求，或者不接受正面诱导，所以企业不得不借助政府采用政治权力迫使对方让步。

（5）从期限来看，一般市场营销者将产品导入市场只需较短时间，大市场营销者将产品导入市场时间较长，而且还需打开许多封闭的国内及国际市场。

（6）从投入成本来看，由于大市场营销需要持续较长的时间，并且需要许多额外的支出来取得各方的配合，因此其比一般市场营销支出更大。

（7）从参加的人员来看，一般市场营销活动由企业的营销人员（如产品经理、广告专家、市场营销调研人员及推销人员等）负责。除上述营销人员外，大市场营销还需要最高管理者、律师、公共关系等人员参加。

知识回顾

本章主要探讨了市场营销的创新模式。从内容上看，主要有关系营销、网络营销、绿色营销和营销新发展。市场营销的发展速度惊人，已经远超人们的想象。从当前社会的发展需要来看，我国市场营销还会以消费者为中心，向更加可视化、人性化的方向发展。

拓展阅读

鼓励员工关心患者

新加坡蒙特·伊丽莎白医院（以下简称"医院"）成功地在医院服务中应用了关系市场营销。由于认为护理、医生的诊断技术和医院员工的态度是患者高质量评价的关键，因此医院实施了内部市场营销、培训计划和奖励制度。为改进患者对医院服务的印象，医院对患者经常接触的地方进行了检查。由于认识到大多数患者和来访者经常接触到的是收入较低、文化素质较低的员工,因此医院十分注重雇员的岗位培训,尤其是一线办公室员工的角色得到了重新设计并且其工作要求已提高到医院一线办公室的程度。其余人员要送去培训,以提高他们的技能,使其符合所要求的技能的人就被雇用并调整其工资水平。

在医院中,消费者关系是每一个人工作的必要组成部分,而不是附带的义务。在辅助服务领域的员工如果没有培训工作中的人际关系,则必须实施医患关系培训计划。这一计划帮助这类员工识别患者住院期间经常关心的问题并指导他们如何妥善地回答这些问题。另外,这一计划还指出每个员工的工作职能及负责的领域。培训自上而下进行,管理人员层次越高,就越必须承担更大的责任,以保证其部门高质量的医患关系。

消费者关系培训中的一种形式是医疗销售培训,其内容包括发展激发积极精神状态的技巧,使员工建立自信,关心患者和传播医院的服务项目;在与患者的交往中,做一个好听众。